Vorwort

Das vorliegende Lehrbuch soll als ein Ergänzungsmaterial für den Unterricht im Rahmen des Kurses „Fachsprache" im Studienprogramm „Deutsche Sprache in der Fachkommunikation und Kultur" am Lehrstuhl für Germanistik der Philosophischen Fakultät der Universität der Hl. Cyrill und Method in Trnava (Slowakei) dienen.

Das Buch setzt sich zum Ziel, dass sich die Studierenden die Hauptbegriffe, die aktuell fokussierten Themen und Grundlagen der Fachsprache im Bereich „Arbeits- und Organisationspsychologie" aneignen.

Das Lehrbuch teilt sich in mehrere Einheiten, die sich spezifischen Themen widmen, doch besteht der enge Zusammenhang zwischen den einzelnen Einheiten. Im Vordergrund stehen das Leseverstehen und die Arbeit mit dem Fachwortschatz. Manche Übungen sind kommunikativ ausgerichtet, um die Kommunikation in einem fachbezogenen Kontext zu entwickeln, relevante Ergebnisse auswerten und präsentieren zu können und die Arbeit im Team zu unterstützen.

Die einzelnen Schwerpunkte im Rahmen der Einheiten werden so gestaltet, dass die Studierenden aufgefordert werden, über die Themen nachzudenken, sie in praktischen Kontexten zu sehen und im Endeffekt auch die Studierenden auf die reale Arbeitswelt vorzubereiten - nicht nur theoretisch und durch Wortschatzaneignung, sondern auch praktisch, indem sie sehen können, mit welchen Themen sich die heutige Arbeitspsychologie beschäftigt.

Das Lehrbuch eignet sich besser für die organisierten Lehrveranstaltungen und rechnet mit der relevanten Studienliteratur zu dem Fachgebiet „Arbeits- und Organisationspsychologie". Es erhebt nicht den Anspruch, das ganze Problemfeld auszuschöpfen. Es handelt sich vor allem um einen Einstieg in die Thematik, indem der fachbezogene Wortschatz und kommunikative Kompetenz entwickelt werden soll. Das Lehrbuch kann aber auch als eine praktische Ergänzung im fachbezogenen Unterricht betrachtet werden.

An dieser Stelle möchte ich mich sehr herzlich bei meinem Kollegen dr. Ján Demčíšák bedanken, für seine Hilfe mit manchen Übungen in diesem Buch und mit der Formatierung.

Monika Hornáček Banášová

Monika Hornáček Banášová

Fachsprache:
Arbeits- und Organisationspsychologie

Lehrbuch für Deutsch als Fremdsprache

 tredition®
www.tredition.de

 Das Buch erscheint dank der Unterstützung der Philosophischen Fakultät der Universität der hl. Cyrill und Method in Trnava.

Fachsprache: Arbeits- und Organisationspsychologie. Lehrbuch für Deutsch als Fremdsprache
© 2020 Monika Hornáček Banášová
Rezensenten: Mgr. Simona Fraštíková, PhD.
              PhDr. Ján Demčišák, PhD.

ISBN Paperback: 978-3-7469-2197-6
ISBN Hardcover: 978-3-7469-2198-3
ISBN e-Book: 978-3-7469-2199-0

Verlag & Druck: tredition GmbH, Halenreie 40-44, 22359 Hamburg

Bibliografische Information der Deutschen Nationalbibliothek:

Die Deutsche Nationalbibliothek verzeichnet diese Publikation in der Deutschen Nationalbiblio-grafie; detaillierte bibliografische Daten sind im Internet über http://dnb.d-nb.de abrufbar.

Inhaltsverzeichnis

1   Warum arbeiten wir und was haben wir davon?

„Der Mensch ist das einzige Tier, das arbeiten muss."

Immanuel Kant

Aufgabe 1

Was halten Sie von dem Zitat?

- Darf man behaupten – wer nicht arbeitet, ist asozial?
- Wenn von „Arbeit" die Rede ist, denken die meisten nur an Mühsal und Erwerbsarbeit. Kann Arbeit noch andere, für den Menschen sehr wichtige Aspekte haben?

Aufgabe 2

Beschreiben Sie folgenden Graph.

Aus welchem Antrieb heraus arbeiten Sie? (Ausschlaggebendster Grund)

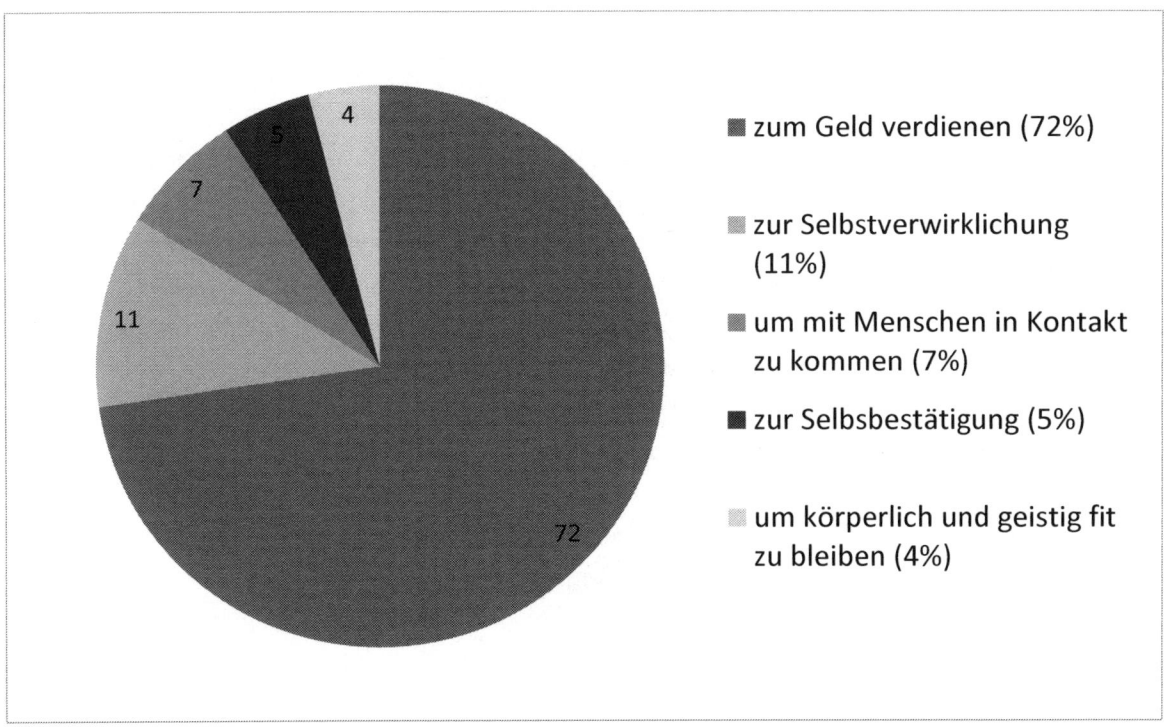

Deutschland; ab 18 Jahre; 1.000 Befragte;
© Statista 2018

7

Aufgabe 3

Besprechen Sie folgende Punkte. Können sie als Beweggründe zum Arbeiten gelten? In welchen Situationen? Begründen Sie.
Ihre Begründung können Sie mit den Redemitteln im Anhang 1 ausdrücken!

- mit Kollegen zu sein
- Fähigkeiten beweisen
- Gebraucht werden
- Freizeit mehr schätzen
- Anerkennung finden
- sich unangenehmen Aufgaben entziehen
- eigene Talente entfalten

Aufgabe 4

Lesen Sie folgenden Text und fassen Sie Marias wichtigste Probleme zusammen.

Ich stecke in einer ziemlichen Zwickmühle. Ich bin schon seit längerem mit meinem Job unzufrieden und unglücklich. Ich arbeite in einem Call-Center (kein Verkauf), indem die Kunden selbst anrufen und Fragen oder Probleme zu Ihren Verträgen haben. Die meisten Kunden, die anrufen, sind ungehalten und unfreundlich und die Gespräche laufen nicht selten darauf hinaus, dass die Leute herumbrüllen und es zudem persönliche Beleidigungen hagelt, die teilweise unter die Gürtellinie gehen. Das macht mich psychisch einfach fertig und ich weiß nicht, ob ich das auf Dauer aushalten kann. Den Kollegen geht es nicht anders und das wirkt sich natürlich negativ auf das Betriebsklima auf. Teilweise fahre ich morgens schon mit Bauchschmerzen auf die Arbeit, weil ich nicht weiß, was mich wieder an dem Tag erwartet. Ich sehne praktisch immer nur dem Wochenende herbei. Ich weiß einfach nicht, ob ich mir etwas neues suchen soll. Der einzige Vorteil ist, dass der Verdienst recht gut ist und es teilweise im Jahr sogar Sonderzahlungen gibt. Ich glaube, so schnell werde ich einen Job mit ähnlich gutem Verdienst nicht wieder finden. Dann ist auch noch die Sache, dass ich dann quasi wieder von vorne anfangen muss, eine Probezeit habe, wo ich nicht weiß, ob ich sie überstehe und ich dann, wenn alles schief läuft, arbeitslos werde, dann wieder neue Kollegen usw. Das ist dann wieder die Sache, die mich zweifeln lässt, ob ich dann das Richtige tue. Was würdet Ihr an meiner Stelle machen? Das Risiko eingehen, oder lieber beim alten Job bleiben und weiterhin unzufrieden sein?

Maria, 25, Berlin

Warum arbeitet Maria und was hat sie davon?
Fassen Sie kurz zusammen.

1.1 Zentrale Gegenstände der Arbeits- und Organisationspsychologie

ARBEIT

Menschen müssen sich die Welt erst durch Arbeit verfügbar machen, um das zu gewinnen, was sie zum Leben brauchen. Arbeit ist somit eine elementare Aktivität bzw. Tätigkeit des Menschen, die ihn zu allen Zeiten, wenn auch auf unterschiedliche Weise und zu unterschiedlichen Bedingungen, begleitet und bestimmt hat. Durch planvoll vorsorgendes Tun sichert sich der Mensch sein Aus- und Einkommen. Arbeit dient aber nicht nur der Existenzsicherung, sondern eröffnet auch neue Möglichkeiten der Lebensführung und trägt somit zur Daseinsbereicherung bei. So verleiht Arbeit dem Leben Sinn und Wert. Sie besitzt allerdings nicht nur diese positive Seite, sondern ist ebenso durch Belastungen und Mühsal geprägt.

Aufgabe 5

Konkretisieren Sie, was mit „Belastungen und Mühsal" als negativen Seiten der Arbeit gemeint werden kann.

....
....
....
....
....
....

Aufgabe 6

Definieren Sie „körperliche Arbeitsanforderungen" und „kognitive Anforderungen". Welche Rolle spielten sie bei der Erfüllung von Arbeitsaufgaben vor 50 Jahren und welche Rolle spielen sie in der heutigen Arbeitswelt?

körperliche Arbeitsanforderungen:

....

....

....

....

kognitive Anforderungen:

....

....

....

....

(i)   Die **Arbeitspsychologie** ist das Teilgebiet der Wirtschaftspsychologie, welches sich mit der psychologischen Analyse, Bewertung und Gestaltung von Arbeitstätigkeiten befasst. Sie bezieht sich auf die Anwendung psychologischer Theorien, Forschungsansätze und Interventionsmethoden in der Arbeitswelt, auf die psychologischen Aspekte der Gestaltung der Arbeitstätigkeit, des Arbeitsplatzes und der Umgebung des Arbeitsplatzes. Die Arbeitspsychologie beschäftigt sich also mit neuartigen Fragestellungen, die mit der rasanten technologischen Entwicklung in enger Verbindung stehen und einen starken Einfluss auf die Arbeitswelt sowie das darin agierende Individuum haben.

1.2 Organisation

Organisationen sind soziale Systeme, die bestimmte Ziele verfolgen und Regeln sowie Strukturen aufweisen, mit deren Hilfe sie die Aktivitäten ihrer Mitglieder auf diese Ziele ausrichten. Die Regel und Führungssysteme steuern Verhalten und Einstellungen der Organisationsmitglieder, wobei dies nicht allein unter Einsatz bestimmter zweckrationaler Mittel wie Anweisungen und Pläne gelingt. Vielmehr bedarf es weiterer Führungsmittel wie z. B. motivationaler Anreize oder bestimmte Werte und Normen, um das gewünschte Leistungs- und Sozialverhalten zu erhalten.

Aufgabe 7

Wie wirkt sich die Zugehörigkeit zu einer Organisation auf den Menschen aus?

Wie kann der Einzelne die Organisation beeinflussen?

"Menschliche Arbeit hat nicht nur einen Ertrag, sie hat einen Sinn. Für die Mehrzahl der Bürger ist sie Gewähr eines gelingenden Lebensprozesses: Sie ermöglicht soziale Identität, Kontakte zu anderen Menschen über den Kreis der Familie hinaus und zwingt zu einem strukturierten Tagesablauf."

(Willy Brandt, 1983)

Aufgabe 8

Ergänzen Sie folgende Ausdrücke in den Text. Sie sind in der Grundform.

Arbeitszufriedenheit – anwenden – Modelle – Arbeitsprozesse - sich auswirken – bringen - Arbeitslosigkeit – Betrieben – Rollenverständnis

Auch in der Welt der Arbeit und in den Betrieben werden psychologische Theorien und Methoden ....: Warum arbeiten wir? Darauf antworten Theorien und .... der Arbeitsmotivation. Was haben wir davon? .... , aber auch Arbeitsbelastungen und Umgang mit Stress sind weitere wichtige Themen. Wie .... Veränderungen von Arbeitsbedingungen ....? Dazu zählen Einführungen neuer Technologien in ...., insbesondere Informationstechnologien, die .... grundlegend verändern, genauso wie Auswirkungen von Veränderungen wirtschaftlicher Rahmenbedingungen, beispielsweise die Flexibilisierung der Arbeitszeitgestaltung oder die...................................... . Aber auch umfassende gesellschaftliche Veränderungen wie ein verändertes .... der Geschlechter, das die Frage nach der Balance von Leben und Arbeit oder der Verteilung von Familien- und Erwerbsarbeit auf die Tagesordnung .... , sind hier zu berücksichtigen.

Aufgabe 9

Fassen Sie die wichtigsten Schwerpunkte der Arbeits- und Organisationspsychologie zusammen.

Wie hilft diese Disziplin in der Arbeitswelt?

....

....

....

....

....

....

....

....

Notizen und Vokabeln

2 Arbeitsmotivation und Arbeitszufriedenheit

2.1 Arbeitsmotivation

Im Rahmen von Managementstrategien aber auch im Bestreben einer Humanisierung der Arbeitswelt ist zu überlegen, welche Anreize müssen gegeben sein, damit Motivation im Arbeitsbereich aktiviert und auch stabilisiert werden kann. Der Schwerpunkt liegt dabei auf der Analyse der Ursachen menschlichen Arbeitsverhaltens, also warum Individuen überhaupt arbeiten, warum sie unter bestimmten Bedingungen viel oder wenig, besser oder schlechter arbeiten. Das Motiv ist dabei der Beweggrund für das Verhalten, wobei es meist so komplex ist, dass es schwerfällt, nur ein Motiv als Grund für eine Verhaltensweise herauszufinden. Aber nicht nur die Beweggründe interessieren, sondern die Frage der Motivierung, also wie können Menschen für die Arbeit aktiviert werden? Entscheidend für die Arbeitsmotivation sind Motive des Erwerbstätigen und Motivierungspotenzialen der Tätigkeit. Im Vordergrund stehen drei unterschiedliche Antriebsfaktoren: Leistungsmotiv, Soziales Anschlussmotiv, Machtmotiv/Vermeidung fremder Einflussnahme. Wichtig ist aber auch das Neugiermotiv, das lange Zeit im Zusammenhang mit der Arbeitsmotivation eher unbeachtet geblieben ist, aber zum Grundrepertoire menschlicher Motive gehört.

Die ideale Passung von Motivation und Arbeit ist erreicht, wenn der Mensch seiner Selbstentfaltung nachgehen kann: Selbsterfüllung in der Realisierung der eigenen angelegten Möglichkeiten und Fähigkeiten bedeutet nicht nur eine höhere Produktivität, sondern auch eine größere biologische Effizienz, längeres Leben, weniger Krankheiten, besseren Schlaf, Heiterkeit, inneren Reichtum.

Arbeitsmotivation:

....

....

....

....

....

....

....

Aufgabe 2

Charakterisieren Sie näher, was unter den einzelnen Motiven zu verstehen ist:

- Leistungsmotiv
- Soziales Anschlussmotiv
- Machtmotiv
- Neugiermotiv

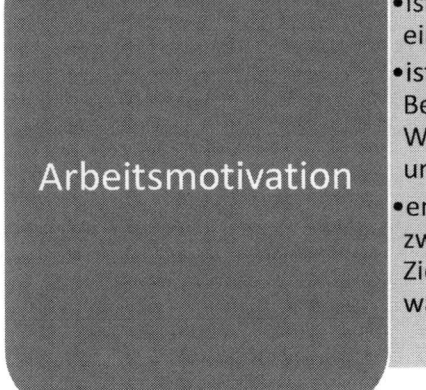

Arbeitsmotivation

- ist ein Prozess, der sich in einem Menschen abspielt.
- ist das Resultat von Bewertungen, Erwartungen, Wahrnehmungen, Vorlieben und Bedürfnissen.
- entsteht aus der Differenz zwischen den gewünschten Zielen und der wahrgenommenen Situation.

Aufgabe 3

Was kann die Leute bei der Arbeit motivieren?
Sammeln Sie Ideen im Rahmen der Gruppenarbeit.

Aufgabe 4

Verbinden Sie substantivische Teile mit dem verbalen Kollokat.

1. eigene Interessen	a) erzeugen
2. seinen Unterhalt	b) entfalten
3. eigene Talente	c) erlangen
4. eine Person zum Arbeiten	d) bewegen
5. Achtung und Wertschätzung	e) verfolgen
6. Zufriedenheit	f) ausüben
7. eigene Fähigkeiten	g) verdienen

i Außerhalb der Arbeit liegende Belohnungen für unsere Arbeit (Geld) heißen extrinsische Belohnungen. **Extrinsische Motivation** für ein Verhalten stammt aus der Wirkung von Ergebnissen außerhalb des Verhaltens selbst oder der Erwartung dieser Wirkung. Diese Ergebnisse wirken dann als positive (Verstärkung) oder negative (Bestrafung) Anreize. Der entscheidende Punkt dafür, dass ein Verhalten extrinsisch motiviert ist, ist, dass es instrumentell ist, also dazu dient, ein bestimmtes Ergebnis zu erreichen oder zu vermeiden. Davon unterscheidet man **intrinsisch** motivierte Belohnungen, die Arbeit in sich selbst trägt. Sie bietet Gelegenheit, eigene Interessen zu verfolgen. Es ist die Motivation aus einer Tätigkeit selbst. **Intrinsische Motivation** für ein Verhalten stammt aus dem Erleben des Verhaltens selbst oder der Erwartung dieses Erlebens.

Aufgabe 5

Welche extrinsisch und intrinsisch motivierten Belohnungen werden in der Aufgabe 4 (S. 8) in Marias Fall angesprochen?

Die in der Aufgabe 4 aufgeführten Motivationen gehören zu extrinsischen oder intrinsischen Belohnungen?

extrinsische Belohnungen: ....

....

....

intrinsische Belohnungen: ....

....

....

Aufgabe 6

Beschreiben Sie folgende Abbildung.

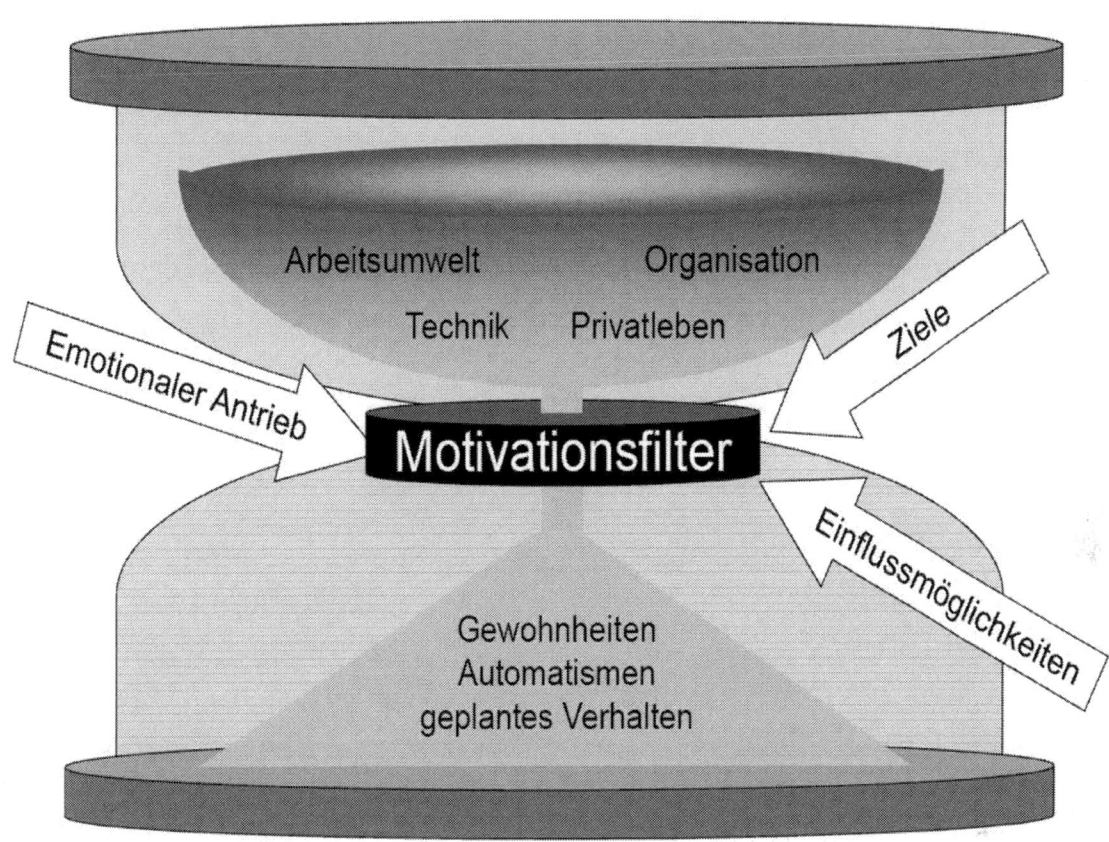

Notizen:

....

....

....

....

....

....

....

....

....

....

2.2 Theorien der Motivation

Im Personalmanagement spielen seit jeher die Theorien der Motivation eine besonders wichtige Rolle. Nach Campbell, Dunette, Lawler & Weick (1970) können Inhalts- und Prozesstheorien unterschieden werden. Während sich die Inhaltstheorien primär mit der Frage nach Art, Anzahl und Bedeutung der einem Verhalten zugrundeliegenden Motive beschäftigen, konzentrieren sich die Prozesstheorien verstärkt auf den kognitiven Aspekt motivationaler Phänomene.

A) Inhaltstheorien

Die Inhaltstheorien der Motivation versuchen die Art der vorhandenen Motive sowie die angestrebten Ziele von Personen zu spezifizieren und zu klassifizieren. Angeführt werden i. d. R. die Bedürfnishierarchie von Maslow, die Zwei-Faktoren-Theorie von Herzberg und die Theorie der Leistungsmotivation von McClelland. Im Gegensatz zu Prozesstheorien (Motivationstheorien) beachten sie weniger den Verlauf der Verhaltensverursachung. Sie stellen einzelne Motive und das Verhältnis, indem diese zueinander stehen in den Vordergrund. Die Bezeichnung "Inhaltstheorien" ist insofern irreführend, als dass neben den Motivinhalten auch prozessuale Elemente thematisiert werden.

1. Hierarchie der Bedürfnisse (Maslow)

Die Bedürfnispyramide nach Maslow ist ein verbreitetes Modell zum Verständnis der menschlichen Motivation. Obwohl wissenschaftlich nicht ganz unumstritten, ist es durch seine Einfachheit gut geeignet, sich ein Bild der menschlichen Motivation zu machen. Maslow geht davon aus, dass alle Menschen eine Reihe von Grundbedürfnissen haben, nach deren Befriedigung sie streben. Unter den verschiedenen Bedürfnissen besteht laut Maslow eine Rangordnung. Erst wenn ranghöhere Bedürfnisse weitgehend abgedeckt sind, trachtet man nach der Befriedigung der nächst wichtigeren.

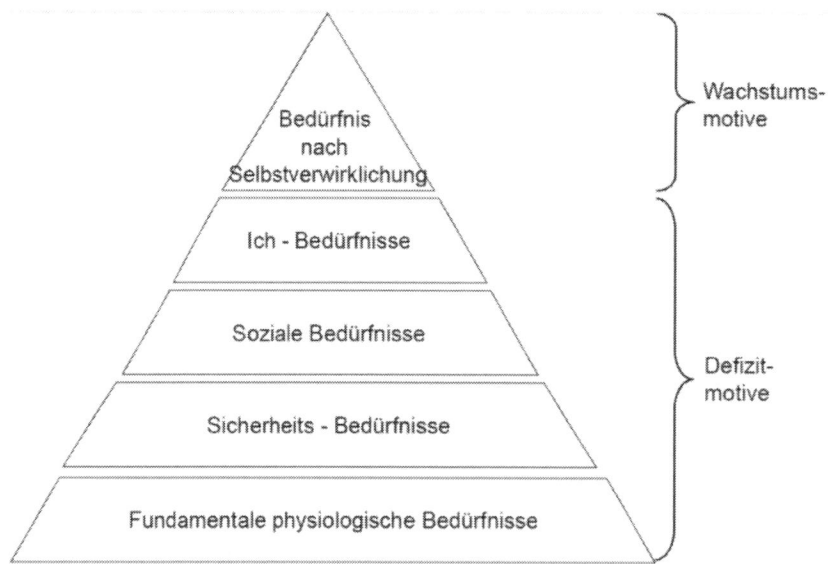

Aufgabe 7

Ordnen Sie die Bedürfnisse hierarchisch nach Maslow.

	Bedürfnis nach Zugehörigkeit und Liebe Bedürfnis, zu lieben und geliebt zu werden, zu anderen zu gehören und akzeptiert zu werden, und Bedürfnis, Einsamkeit und Entfremdung zu vermeiden
	Physiologische Bedürfnisse Bedürfnis nach Nahrung, Wasser, Sauerstoff, Sexualität
	Bedürfnis nach Selbstwert Bedürfnis nach Selbstwert, Erfolg, Kompetenz und Unabhängigkeit und nach Achtung und Anerkennung von anderen
	Bedürfnis nach Selbstverwirklichung Bedürfnis, den eigenen einzigartigen Potenzialen entsprechend zu leben
	Bedürfnis nach Sicherheit Bedürfnis nach dem Gefühl, dass die Welt geordnet und einschätzbar ist, und danach, sich sicher, beschützt und unzerstörbar zu fühlen

Aufgabe 8

Besprechen Sie die mögliche Umsetzung der Theorie in die Praxis.

Aus dem Maslowschen Modell kann man vieles für die Führung der Mitarbeiter ableiten.

• Wie können die Mitarbeiter im Unternehmen ihre verschiedenen Bedürfnisse befriedigen?
• Welche Fördermöglichkeiten gibt es?

Statussymbole, Altersversorgung, gesunder Arbeitsplatz, Freizeit, Lob, Teamarbeit, sicherer Arbeitsplatz, ausreichende Bezahlung, Kündigungsschutz, Mitbestimmung, Bezahlung, Kommunikation

Bedürfnisse der Mitarbeiter	Mittel zur Befriedigung
Physiologische Bedürfnisse Hunger, Durst, Schlaf	
Sicherheitsbedürfnisse Geborgenheit und Schutz	
Soziale Bedürfnisse Zugehörigkeit, Freundschaft	
Wertschätzung Anerkennung und Status	
Selbstverwirklichung Entfaltung der Persönlichkeit	

2. Zwei-Faktoren-Theorie (Herzberg)

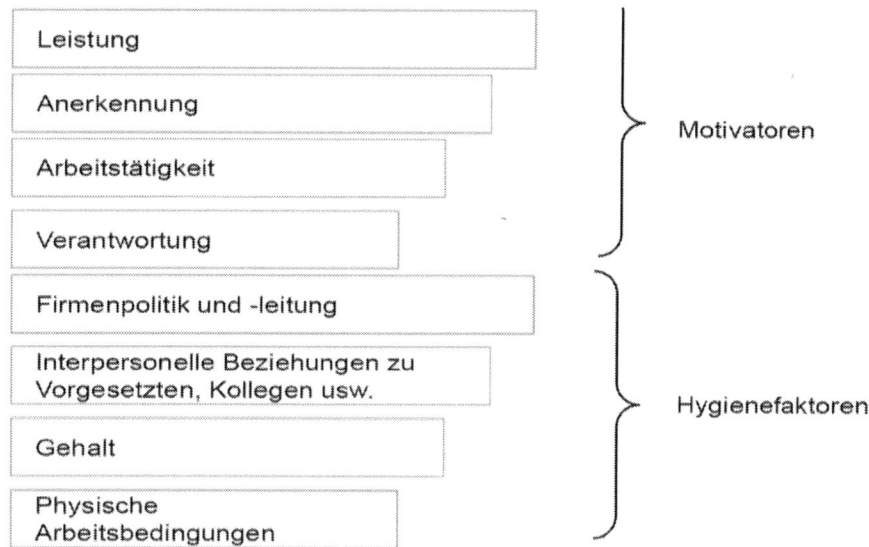

Aufgabe 10

Ordnen Sie die einzelnen Faktoren den Inhaltsfaktoren/ Kontextfaktoren zu.

Anerkennung; Arbeitsbedingungen; Arbeitsplatzsicherheit; Aufstiegsmöglichkeiten; Beziehung zu Untergebenen; Beziehung zum Vorgesetzten; Beziehungen zu Kollegen; die Arbeit als solche; Entfaltungsmöglichkeiten im Beruf; Leistungserfolg; Führungsstil/Kontrolle des Vorgesetzten; Lohn/Gehalt; Persönliche Verhältnisse; Status; Unternehmenspolitik/interne Organisation; Verantwortung übernehmen

Inhaltsfaktoren = Motivatoren	Kontextfaktoren = Hygienefaktoren

3. Theorie der Leistungsmotivation (McClelland)

Der Fokus war hier nicht darauf gerichtet, vollständig alle Motive zu beschreiben, sondern besonders wichtige Motive zu identifizieren. McClelland unterscheidet **drei zentrale Motivgruppen**, bei denen Menschen sich stark unterscheiden. Diese sind Leistungsmotive, Machtmotive und soziale Anschlussmotive. Je nach Ausprägung dieser Motive zeigen Menschen eine sehr unterschiedliche Motivation und unterschiedliches Verhalten am Arbeitsplatz, wie folgende Abbildung zeigt.

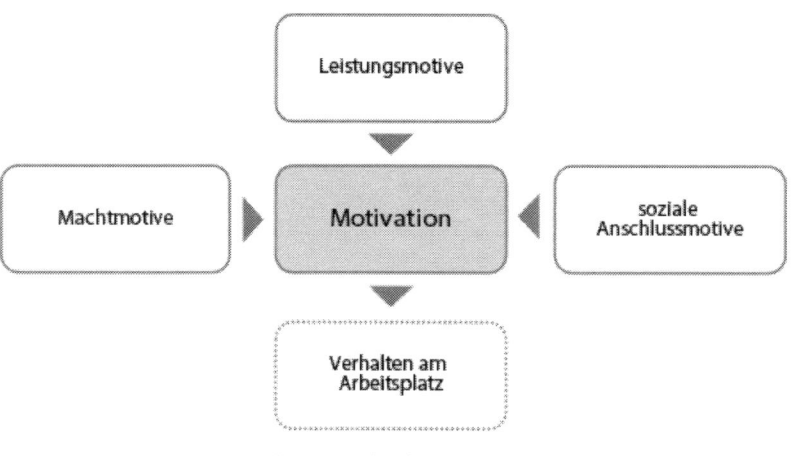

© Dr. Florian Becker | www.wpgs.de

Aufgabe 11

Ordnen Sie die einzelnen Motivgruppen den Beschreibungen zu.

Machtmotive –Leistungsmotive – soziale Anschlussmotive

.... beschreiben den Antrieb, Erfolg zu haben und anspruchsvolle Ziele anzustreben und zu verfolgen. Menschen streben nach Erfolg und danach, Dinge besser und effizienter als andere Menschen zu machen. Sie bevorzugen Arbeitstätigkeiten und Bedingungen mit hoher Eigenverantwortung, persönlichem Einfluss auf das Arbeitsergebnis, schnellem Feedback und sie wünschen Vergleichsmöglichkeiten mit anderen Menschen.

.... beschreiben das Verlangen nach freundschaftlichen und engen Beziehungen und Bindungen mit anderen Menschen. Bei hoher Ausprägung kommunizieren Menschen mehr mit anderen, erfassen ihre soziale Umgebung schneller, suchen kooperative Arbeitsbeziehungen, vermeiden Konflikt und wünschen sich ein gutes soziales Klima am Arbeitsplatz.

.... sind ein Antrieb, Einfluss über andere zu gewinnen und in der Hierarchie aufzusteigen. Personen beschäftigen sich mit Status und Prestige und weniger mit der Arbeitsleistung. Sie orientieren sich an mächtigen anderen Personen im Umfeld und bevorzugen Arbeitsumgebungen mit Einfluss und Kontrolle über andere Menschen. Dabei verhalten sie sich aggressiver als andere. Sie suchen zudem Beachtung und orientieren sich bei Produkten an Prestige.

B) Prozesstheorien

Von der Idee bis zur Ausführung – so kommt man Schritt für Schritt zum Ziel. So kann man die Prozesstheorien der Motivation kurz beschreiben. Sie analysieren den Weg vom Bewusstwerden eines Bedürfnisses bis zum Erreichen des Ziels in verschiedenen Phasen. Während Vertreter der Inhaltstheorien nach individuellen Bedürfnisinhalten für die Motivation fragen, geht es bei Prozesstheoretikern um etwas anderes: Für sie steht die Frage im Vordergrund, welche Schritte nötig sind, damit ein Wunsch oder ein Bedürfnis zu konkretem, zielgerichtetem Handeln wird.

Aufgabe 12

Fassen Sie die wesentlichen Unterschiede zwischen Inhalts- und Prozesstheorien zusammen.

....

....

....

....

1. Das VIE-Modell nach Voorm (1964)

Die Motivation ist das Produkt von Erwartungen und Werten.

Nach der VIE-Theorie (für Valenz, Instrumentalität, Erwartung) von Vroom (1964) ist die Frage, ob eine Person Leistungsmotivation zeigt, nicht nur das Resultat ihrer individuellen Anlagen oder ihrer Sozialisation, sondern vor allem von Faktoren der Situation abhängig. Die VIE-Theorie zählt damit im Bereich der Motivationstheorien zur Kategorie der Prozess-Theorien, d. h. sie umschreibt nicht die inhaltlichen Aspekte (wie z. B. Bedürfnisbefriedigung, Streben nach Status), sondern betrachtet die Dynamik der Motivation (Wie kommt Motivation zustande? Welchen Regeln folgen motivationale Prozesse?). Innerhalb der VIE-Theorien wird versucht, die Intention des Verhaltens zu errechnen aus der Wertigkeit der Ziele, der Instrumentalität der Handlung für das Erreichen dieser Ziele und der subjektiven Wahrscheinlichkeit, dieses Verhalten auch zeigen zu können.

Aufgabe 13

Beschreiben Sie die wesentlichen Merkmale der VIE-Theorie mit Hilfe folgender Abbildung.

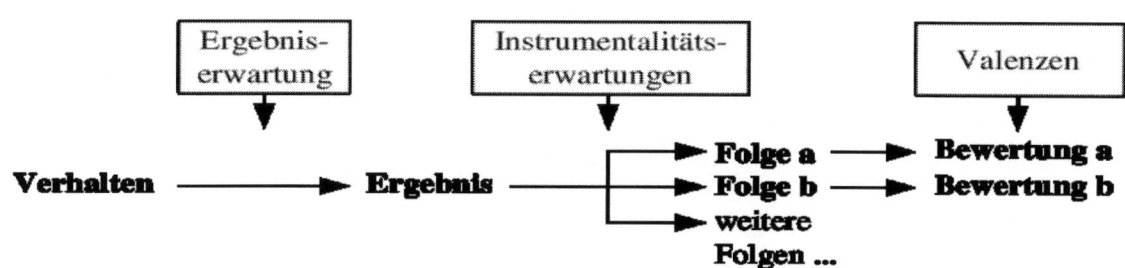

2. Zirkulationsmodell von Porter und Lawler

Aufgabe 14

Beschreiben und erläutern Sie die Graphik.

Motivationsmodell von Porter/Lawler: Untersucht die Frage, wie Motivation, Leistung und Zufriedenheit zusammenhängen. Die zentralen Variablen des durch zahlreiche Studien belegten Motivationsmodells sind:

- **Anstrengung**: Ausmaß an Energie, die von einem Mitarbeiter zur Erfüllung einer Aufgabe aufgewendet wird, hängt von der Wertigkeit der Belohnung ab
- **Leistung**: das von der Organisation meßbare Ergebnis einer Handlung.
- **Belohnung**: Folge von Leistungsverhalten, entweder intrinsischer Art (Erfolgserlebnis) oder extrinsisch (Bezahlung).
- **Zufriedenheit**: die effektive Belohnung wird als angemessen erlebt.

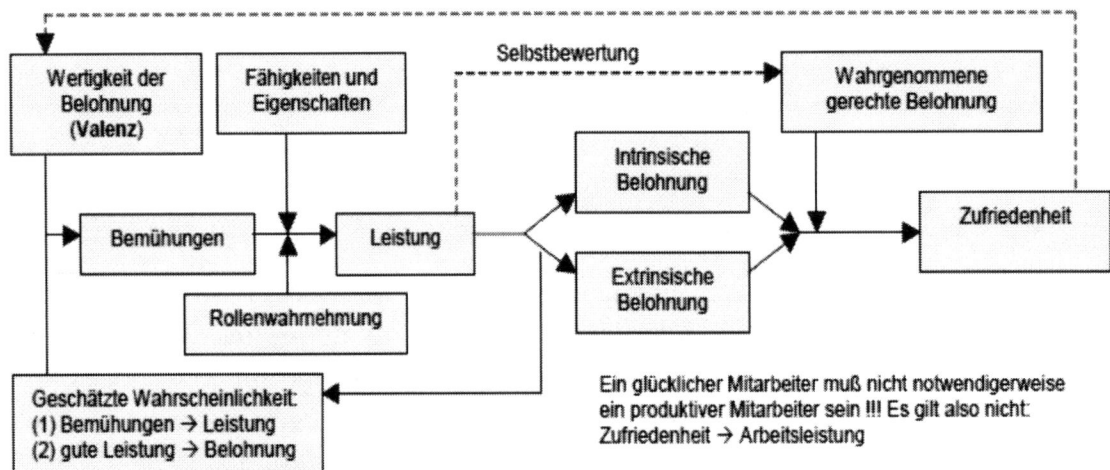

Ein glücklicher Mitarbeiter muß nicht notwendigerweise ein produktiver Mitarbeiter sein !!! Es gilt also nicht: Zufriedenheit → Arbeitsleistung

Die Arbeitsleistung kann, unter Berücksichtung von intervenierenden Variablen (z.B. Belohnung), eher die Arbeitszufriedenheit (positiv) beeinflußen. Es gilt also: (Bemühungen →) gute Leistung → In-/Extrinsische Belohnung → Zufriedenheit

- Valenz, die verschiedene Ergebnisse der getanen Arbeit besitzen
- Bemühung, die ein Organisationsmitglied aufbringt, um eine Leistung auf eniem gewissen Niveau zuerbringen
- Fähigkeiten des Individuums setzen der Leistung grenzen
- Rollenwahrnehmung, basiert darauf, wie der Mitarbeiter an seiner Arbeitsstelle erfolgreiche Arbeitsausführung definiert
- Leistung wird auf einem hohen Niveau erbracht

Die beiden Kernpunkte dieses Motivationsmodells sind: Die individuelle Motivation am Arbeitsplatz wird bestimmt von den Wahrscheinlichkeiten, daß

(1) erhöhte Bemühungen zu verbesserter Arbeitsleistung führen wird, und
(2) gute Arbeitsleistungen führen auch zu den gewünschten Zielen (die Valenz besitzen)

Intrinsische Belohnung wird von innen bewirkt, durch herausfordernde Aufgaben, Erfolgserlebnisse, Kompetenzerweiterung, Gefühl sinnvolle Arbeit zu leisten, usw.

Extrinsische Belohnung sind nicht mit der Arbeit selbst verbunden, sondern fließen der Person aus Quellen der Organisation zu: finanzielle Belohnung, Gewinnbeteiligung, Karriere/Beförderung, Freundschaften, usw.

Aufgabe 15

Durch welche Eigenschaften unterscheiden sich Inhalts- und Prozesstheorien? Fassen Sie kurz zusammen.

Inhaltstheorien	Prozesstheorien

2.3 Arbeitszufriedenheit

Aufgabe 16

Wie hängt die Arbeitsmotivation mit der Arbeitszufriedenheit zusammen? Sammeln Sie Ideen im Rahmen der Gruppenarbeit.

....

....

....

Aufgabe 17

Was ist eigentlich gemeint, wenn nach Arbeitszufriedenheit gefragt wird?

Die Leute sind zufrieden mit:

....

....

....

Modell von Bruggemann et al. (1975)

... geht von 6 verschiedenen (Un)zufriedenheiten aus, die auf einem Vergleich zwischen gegebenen Belohnungen (Ist-Zustand) und den erwartenden Belohnungen (Soll-Zustand) beruhen.

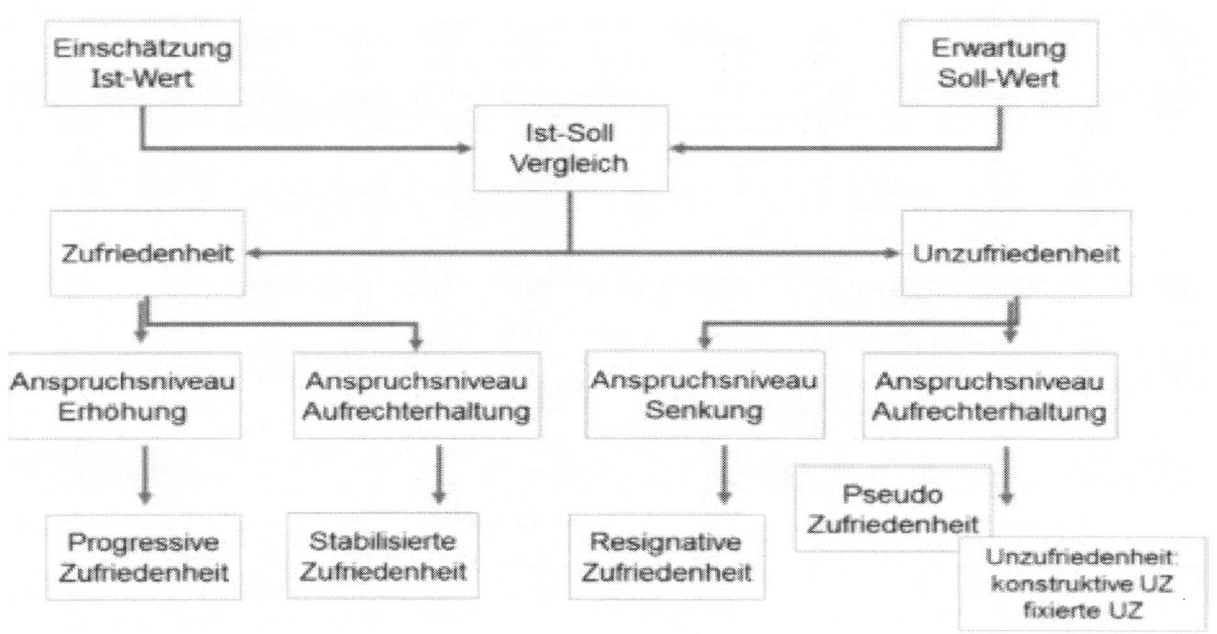

Aufgabe 18

Ordnen Sie die einzelnen Arten der Zufriedenheit den Beschreibungen zu.

Art der Zufriedenheit	Beschreibung
Progressive Arbeitszufriedenheit	
Stabilisierte Arbeitszufriedenheit	
Resignative Arbeitszufriedenheit	
Pseudo-Arbeitszufriedenheit	
Fixierte Arbeitszufriedenheit	
Konstruktive Arbeitszufriedenheit	

Beschreibung:

a) Wenn keine Differenz zwischen Soll-Ist-Werten besteht aber die Person ihr Anspruchsniveau steigert.

b) Es besteht eine Differenz zwischen Ist-Soll-Werten, aber die Person wertet die erhaltenen Belohnungen auf.

c) Es besteht eine Differenz zwischen Ist-Soll-Werten und es wird nach konstruktiven Verbesserungen gesucht.

d) Wenn keine Differenz zwischen Soll-Ist-Werten besteht und die Person ihr Anspruchsniveau behält.

e) Es besteht eine Differenz zwischen Ist-Soll-Werten und das Anspruchsniveau bleibt konstant

f) Es besteht eine Differenz zwischen Ist-Soll-Werten und die Person senkt ihr Anspruchsniveau

Aufgabe 19

Erklären Sie folgenden Satz mit eigenen Worten.

Wichtige Dimension dieses Modells:
Anpassung bei Unzufriedenheit kann durch eine Anpassung
des Anspruchsniveaus erfolgen.

Notizen und Vokabeln

3 Führung und Organisationsstruktur

3.1 Organisationsstruktur

 Organisationen sind alle sozialen Systeme, die dauerhaft ein Ziel verfolgen und eine formale Struktur aufweisen, um das Verhalten der Mitglieder auf das verfolgte Ziel auszurichten.

Es gibt typische Merkmale der Organisation:

Jedes Unternehmen...

- ist auf Dauer angelegt
- verfolgt ein oder mehrere Ziele
- hat Mitarbeiter (=Mitglieder)
- die darin agieren (soziales System)
- weist eine formale Struktur (Hierarchie, Regeln) auf und
- beeinflusst das Verhalten der Mitarbeiter über die formale Struktur (Arbeitsvertrag)

Aufgabe 1

Im Rahmen des Unternehmens kann es unterschiedliche Organisationsformen geben. Lesen Sie folgende Bezeichnungen der Organisationsform und ergänzen Sie die passende Abbildung.

Einlinienorganisation

Der Grundgedanke der Einlinienorganisation beruht auf der Einheit der Auftragserteilung und geht von dem Grundsatz aus, dass niemand zwei Herren gleichzeitig dienen kann.

Zu jeder nachgeordneten Stelle führt nur eine Befehlslinie, die gleichzeitig den Informations- und Dienstweg darstellt; jeder Stelleninhaber erhält nur Weisungen von seinem unmittelbaren Vorgesetzten. Die Einlinienorganisation ist durch eine „reine" Baumstruktur gekennzeichnet.

Mehrlinienorganisation

Zu jeder nachgeordneten Stelle führen mehrere Befehlslinien. Einzelne oder alle Stellen besitzen jeweils mehrere vorgesetzte Instanzen. Dabei wird unterschieden in persönliche und fachliche

Unterstellung. Letztere ist auf mehrere spezialisierte Vorgesetzte aufgeteilt. Hier redet bei wesentlichen Entscheidungen jene Instanz mit, die die fachlich kompetenteste ist (Übereinstimmung von Fachkompetenz und Entscheidungskompetenz).

Stablinienorganisation

Die Stablinienorganisation bzw. das Stabliniensystem ist eine um Stabsstellen erweiterte Form des Einliniensystems. Sie wurde eingeführt, um die Linieninstanzen zu entlasten und die Vorgesetzten vom unterstellten Bereich weniger abhängig zu machen. Der Stab instruiert bzw. berät den zugeordneten Vorgesetzten. Die Stäbe haben jedoch von der Idee her keine Weisungsbefugnis gegenüber dem Bereich, der dem Vorgesetzten unterstellt ist.

Matrix-Organisation

Es sind Matrix-Organisationen, die sich in eigenständigen Einheiten organisieren, mit dem Ziel den Unternehmenszweck selbst verantwortlich zu erfüllen. Es werden Rollen mit zugewiesenen Verantwortungen verteilt und jeder Organisationskreis im Unternehmen entscheidet autonom. Jeder Projektkreis hat einen Repräsentanten, der mit den Repräsentanten der anderen Kreise kommuniziert bzw. mit dem Kreis der Unternehmensführung. So werden Entscheidungen gemeinsam getroffen. Jeder Kreis hat seine Verantwortung und es gibt keine Hierarchien zwischen den Kreisen und auch nicht zwischen den Mitarbeitern innerhalb eines Kreises.

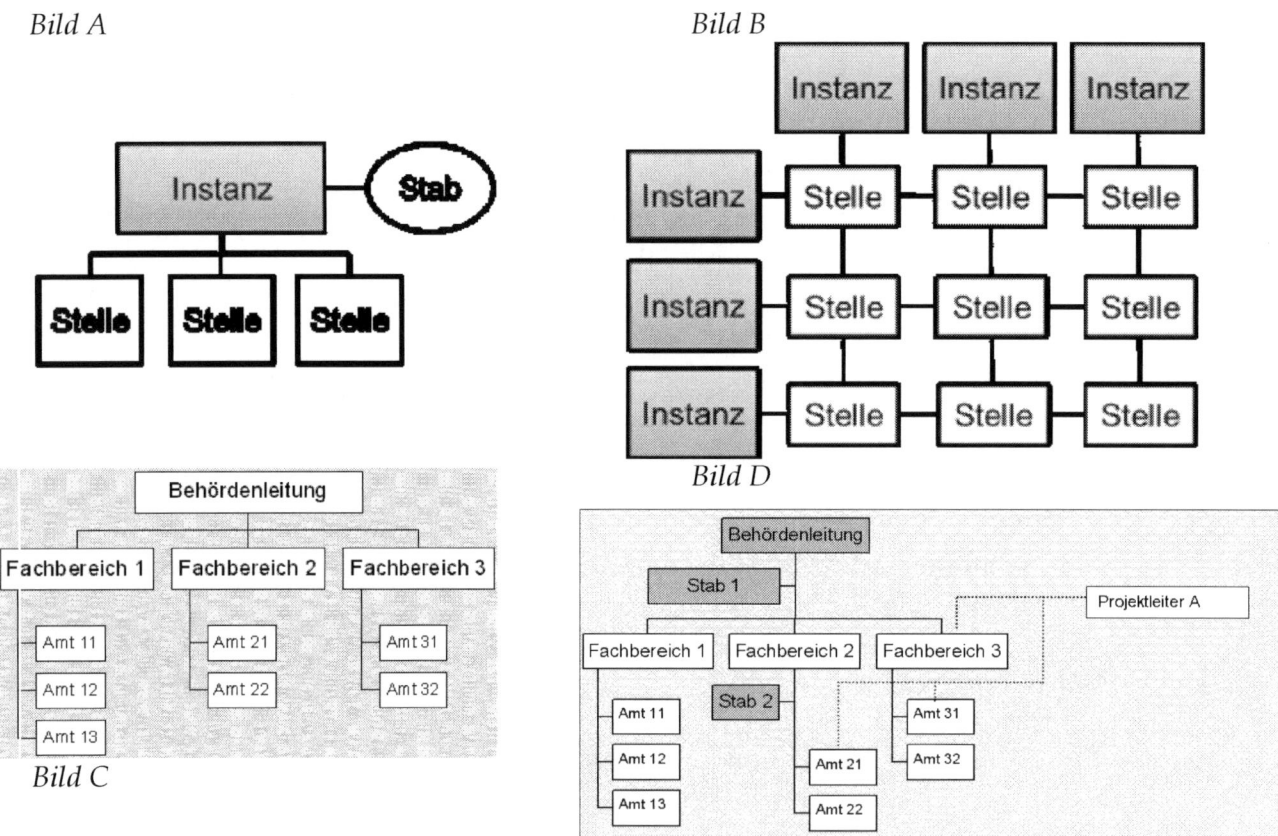

Bild A

Bild B

Bild C

Bild D

3.2 Führung

Aufgabe 2

Führen Sie Diskussion zu folgenden Fragen.

Wann ist jemand eine Führungskraft?

Gibt es Persönlichkeitsmerkmale, die auf Führungseigenschaften verweisen?

Aufgabe 21

Ordnen Sie die einschlägigen Führungsstile den Beschreibungen zu.

Bürokratisch - Autoritär - Autokratisch - Charismatisch - Patriarchalisch - Laisez-Faire - Kooperativ

1._____

Der Vorgesetzte führt kraft seiner Legitimationsmacht. Da er alles besser weiß, besitzt er allein Entscheidungs- und Anweisungskompetenz. Der Mitarbeiter hat die Entscheidungen zu akzeptieren und auszuführen und wird dabei ohne Ankündigung vom Vorgesetzten kontrolliert

(Fremdkontrolle). Dieser Führungsstil ist somit durch eine interpersonale Trennung von Entscheidung, Ausführung und Kontrolle gekennzeichnet.

2. _____

Beim diesem Führungsstil ist die Trennung von Entscheidung, Ausführung und Kontrolle gemildert. Durch das Prinzip der Delegation werden die Entscheidungen auf diejenige betrieblich Ebene verlagert, welche die größte fachliche Kompetenz besitzt (Partizipation der Mitarbeiter). Da sich die Mitarbeiter im Gegensatz zur autoritären Führung selbst kontrollieren, löst die Selbstkontrolle die Fremdkontrolle ab. Die Mitarbeiter haben außerdem Kontrollrechte gegenüber den Vorgesetzten. In Mitarbeiterbesprechungen stellt der Vorgesetzte mit seinen Mitarbeitern interpersonale Kontakte her.

3. _____

Der Führungsstil ist wie der patriarchalische Führungsstil durch eine singuläre Herrschaftsposition mit uneingeschränktem Herrschaftsanspruch gekennzeichnet. Der Führungsanspruch beruht hier jedoch anders als beim patriarchalischen Führungsstil auf der Einmaligkeit und der Ausstrahlungskraft des Führers. Er kann von den Geführten jedes Opfer verlangen, ohne dass er ihnen gegenüber in irgendeiner Weise verpflichtet wäre. Diese Führer sind besonders in Krisen- und Notsituationen gefragt, in denen rationale Problemlösungsstrategien durch den Glauben an eine Rettung durch den Führer abgelöst werden.

4. _____

An die Stelle der unkontrollierten Willkür der Führung traten nun die fachliche Kompetenz der Instanzen sowie die Gewaltenteilung mit präzisen Beschreibungen der Stellenbefugnisse und Verwaltungsabläufe. Die oberste, alles beherrschende Führungspersönlichkeit wurde abgeschafft und durch einen hierarchischen Apparat, in den alle Ränge integriert sind, abgelöst. Es wird nicht einer Person sondern einer gesetzten Ordnung gehorcht, an die sowohl Untergebene als auch Vorgesetzte gebunden sind. Dieser Führungsstil entspricht somit der legalen Herrschaft. Er wurde um die Jahrhundertwende als Gegengewicht zur Willkür der konstitutionellen Monarchie begrüßt, heute jedoch insofern recht stark kritisiert.

5. _____

Auch dieser Führungsstil sieht im Kern einen souveränen, mit unbeschränktem Herrschaftsanspruch ausgestatteten Führer vor. Es fehlt ihm jedoch die "Wärme" des Patriarchen sowie die Ausstrahlungskraft des Führers. Um die von ihm getroffenen Entscheidungen durchzusetzen, bedient er sich eines hierarchisch gestaffelten Führungsapparates. Die klare Trennung von Entscheidung und Durchsetzung ermöglicht es, auch in großen Organisationen Entscheidungen exakt ausführen zu lassen. Dieser Führungsstil ist deshalb am ehesten in großen Unternehmen anzutreffen. Insgesamt hat sich dieser Führungsstil jedoch aufgrund zunehmender Differenzierung und Spezialisierung nicht sehr stark durchsetzen können. "Einsame" Entschlüsse des Führers waren umso weniger haltbar, je mehr Führungskräfte mit Spezialkenntnissen im Unternehmen erforderlich wurde.

6. _____

Der Führende gibt keine Anweisungen, vermittelt auf Anfrage die gewünschten Informationen, verzichtet auf zielgerichtete Verhaltensbeeinflussung (keine Kontrolle). Die Mitarbeiter werden als isolierte Individuen betrachtet, die Motivation wird durch Freiheit bewirkt und bestimmen ihre Ziele, Entscheidungen, Kontrolle, Interaktionsbeziehung und Arbeitsorganisation selbst. Dieser Führungsstil enthält einen Widerspruch in sich. Da der Vorgesetzte auf eine zielgerichtete Verhaltensbeeinflussung verzichtet, beschreibt er ein Führungsverhalten der "Nicht-Führung". Der Hauptvorteil dieses Stils ist der höchste Freiheitsgrad der Mitarbeiter. In der Praxis haben sich jedoch viele Nachteile gezeigt: Gefahr eines Mangels an Disziplin, der Vorgesetzte nimmt seine Verantwortung nicht wahr und unreife Mitarbeiter nutzen diese Situation aus.

7. _____

Singuläre Herrschaftsposition mit uneingeschränktem Herrschaftsanspruch. Familienväter haben Autorität und absoluten Herrschaftsanspruch aufgrund ihres Alters-, Reife-, Wissen- und Erfahrungsvorsprungs gegenüber den Geführten. Der Führer ist zu Treue und Fürsorge verpflichtet und gewährt ihnen jederzeit direkten Zugang, er erwartet Gehorsam, Loyalität, Treue und Dankbarkeit. Dieser Führungsstil ist ein traditioneller idealtypischer Führungsstil und ist das Leitbild für diesen heute noch in kleinen Familienbetrieben anzutreffenden Führungsstil.

Aufgabe 4
Ergänzen Sie die fehlenden Wörter, achten Sie auf die richtige Form.

herausfordernd - gesundheitlich – entwickeln – Mitarbeiteranliegen – nachhaltig - steigern – belasten – Fallen – Karrieresprung - befördern

Führungskräfte sind heute nicht mehr nur Vorgesetzte, sondern vereinen oft mehrere Rollen in ihrer Person. Oft sind sie Vertrauensperson, Konfliktmanager, Motivator sowie Ansprechpartner für _____ in einer Person. Führungskräfte wünschen sich daher oft, die Motive und Beweggründe für die Handlungen ihrer Mitarbeiter besser verstehen zu können.
Wer in eine Führungsposition _____ wird, gewinnt daraus nicht nur Vorteile, denn die zusätzliche Verantwortung und das Gefühl, sich beweisen zu müssen, können Führungskräften _____. Eine Langzeitstudie der Universität Warwick belegt, dass beruflich Erfolgreichere _____ in der Regel nicht direkt von einem _____ profitieren, denn sie sind im Durchschnitt zwar oft körperlich gesünder, aber nicht auf Grund ihrer Beförderung, sondern es werden schlicht gesunde Arbeitnehmer eher befördert.
In vielen Seminaren für Führungskräfte lernen die TeilnehmerInnen, ihre psychologische Kompetenz zu _____ und _____ neue Handlungsalternativen. Sie schärfen ihren Blick für psychologische _____ und Spiele in ihrem Team und lernen Lösungsmöglichkeiten für _____ Konfliktsituationen. Durch erprobte Führungsinstrumente können die TeilnehmerInnen Verhaltensänderungen erzielen und vielleicht _____ jeden Mitarbeiter und auch das gesamte Team motivieren.

3.3 Gruppenarbeit

a) Team- oder Gruppenarbeit kann die Motivation fördern.

b) Gruppenarbeit ist dann sinnvoll, wenn es um eine komplexe Aufgabe geht.

c) Mit der richtigen Herangehensweise lassen sich viele dieser Probleme vermeiden.

Sieben praktische Tipps für eine erfolgreiche Gruppenarbeit

- Effiziente Aufgabenverteilung
- Einen Arbeitsplan erstellen
- Regelmäßige Treffen vereinbaren
- Die Aufgabenstellung verstehen
- Umgang mit Problemen
- Einen Koordinator bestimmen
- Tools für die Kommunikation und den Datenaustausch festlegen

1. ....

Viele Konflikte bei der Gruppenarbeit entstehen durch unterschiedliche Auffassungen zur Aufgabenstellung bzw. zum Ziel. Daher ist es sinnvoll, gleich zu Beginn mit den anderen Gruppenmitgliedern kurz abzuklären, ob alle bezüglich der Aufgabe und des Ziels einer Meinung sind.

2. ....

Jedes Mitglied einer Gruppe hat so seine Stärken und Schwächen. Das sollten Sie sich bei der Gruppenarbeit zunutze machen und Aufgaben entsprechend der jeweiligen Stärken verteilen. Durch eine feste Aufgabenverteilung wird verhindert, dass einige Gruppenmitglieder alle wichtigen Aufgaben an sich reißen oder sich weitgehend vor der Arbeit drücken.

3. ....

Um eine effektive Arbeit in der Gruppe zu ermöglichen, ist es sinnvoll, einen Koordinator zu bestimmen. Der hat die Aufgabe, Termine zu vereinbaren und die anderen an diese Termine zu erinnern. Zudem sollte er den bisherigen Arbeitsfortschritt im Blick haben, auf die Einhaltung der Vorgaben achten und bei Diskussionen und Gesprächen für einen geordneten Ablauf sorgen.

Ganz wichtig: Der Koordinator ist allerdings nicht der Chef der Gruppe und steht damit auch nicht über den anderen Gruppenmitgliedern. Er übernimmt zwar in bestimmten Situationen eine Führungsrolle, seine Meinung hat aber nicht mehr Gewicht als die der anderen.

4. ....

Ein weiteres häufiges Problem bei der Gruppenarbeit sind die unterschiedlichen Arbeitsweisen der Gruppenmitglieder. Ein effizientes Arbeiten in der Gruppe ist aber nur möglich, wenn bestimmte Aufgaben zu bestimmten Terminen erledigt sind. Daher ist ein Arbeitsplan mit verschiedenen Zwischenzielen für die einzelnen Teilnehmer eine sinnvolle Lösung. Die einzelnen Arbeitsschritte kann dann jeder auf seine Weise erledigen, und der Arbeitsplan sorgt dafür, dass die Gruppe gemeinsam vorankommt.

5. ....

Ob E-Mail, WhatsApp, Dropbox oder Google Drive, die Möglichkeiten zur Kommunikation und zum Datenaustausch sind heute so vielfältig wie nie zuvor. Wenn Sie koordiniert in der Gruppe arbeiten wollen, ist diese Masse an Tools allerdings eher hinderlich als hilfreich. Einigen Sie sich daher am besten direkt zu Anfang auf ein Tool für die Kommunikation und eines für den Datenaustausch. So ist sichergestellt, dass nicht irgendwo etwas verloren geht.

6. ....

Gruppenarbeit bedeutet zwar einerseits, dass jeder seinen eigenen Aufgabenbereich bekommt. Andererseits sind Absprachen in der Gruppe zwingend nötig, um die einzelnen „Bausteine" zu einem großen Ganzen zusammenzufügen.

Aus diesem Grund ist es sinnvoll, schon beim ersten Treffen einen regelmäßigen Termin für weitere Treffen zu vereinbaren. Ein absoluter Garant für die Anwesenheit aller Gruppenmitglieder sind solche Vereinbarungen zwar nicht, aber sie helfen dabei, die Termine einzuhalten.

7. ....

Trotz aller Vorbereitung kann es bei der Gruppenarbeit immer wieder zu Problemen und Auseinandersetzungen kommen. Ganz gleich, welche Schwierigkeiten in der Gruppe auch auftreten, eines ist dabei sehr wichtig: Sie sollten stets versuchen, ruhig und sachlich zu bleiben. Lautstarkes Auftreten und unsachliche Kommentare sorgen letztlich nur für böses Blut, und das schadet der Gruppe im Ganzen und damit auch Ihnen selbst. Lassen Sie die anderen ausreden, hören Sie ihnen aufmerksam zu und legen Sie dann in sachlicher Weise Ihre Sicht der Dinge dar.

Notizen und Vokabeln

4   Arbeit und Stress

Wann erleben Sie am meisten Stress und was tun Sie dagegen?

Hängt Stress mit dem subjektiven Empfinden zusammen?

Was sind Stressoren bzw. Faktoren, die Stress auslösen?

Was ist Stressbewältigung?

4.1 Stress am Arbeitsplatz

Aufgabe 1

Bringen Sie den Text in die richtige Reihenfolge.

A	Die Auswahl von Bewältigungsstrategien kann sowohl "instrumentell" (direkte, die Situation beeinflussende Handlungen) als auch "palliativ" (intrapsychische Regulation von Emotionen, Beruhigung, Entspannung) sein.
B	Die primäre Bewertung (primary appraisal) einer Situation durch die Person erfolgt unter der Frage, ob diese für sie "irrelevant", "günstig-positiv" oder "schädlich" (stressful) ist.
C	Die Wahl der Copingstrategie selbst hängt unter anderem ab vom Unsicherheitsgrad der Situation, von individuellen Wertmustern ("commitments"), von Überzeugungen ("beliefs"), vom Grad der Bedrohung oder der Hilflosigkeit bzw. von der Kontrolle, die man über die Situation ausüben kann.
D	Der Copinghandlung folgen eine Neubewertung (reappraisal) der Situation, eine Evaluation der Erfolge bzw. Misserfolge des Coping. Wichtig in diesem Rückkopplungsmodell ist der Zeitbezug des Copingprozesses: Der Gegenwarts- und der Vergangenheitsbezug betreffen das Überwinden, Tolerieren, Restituieren und Reinterpretieren der als "stressend" erkannten Bedingung (z. B. durch Wahrnehmungsverzerrung, Abwehrmechanismen), während der Zukunftsbezug präventive und Lernprozesse impliziert.
E	Transaktionales Stressmodell ist ein dreistufiges kognitives Rückkopplungsmodell, in dem Bewertungsprozesse und Bewältigungshandeln der Person im Mittelpunkt stehen.
F	Die sekundäre Bewertung (secondary appraisal) der "stressenden" Situation bezieht sich auf die Einschätzung der persönlichen Bewältigungsfähigkeiten (coping resources) und der situativen Bewältigungsmöglichkeiten (coping options).
G	Diese letzte Kognition läßt sich weiter bewerten unter dem Aspekt, ob die Anpassungsfähigkeiten der Person tangiert werden, d.h. ob die Situation eine Schädigung bzw. einen Verlust (harm-lost), eine Bedrohung (threat) oder eine Herausforderung (challenge) darstellt.

Die richtige Reihenfolge:

Aufgabe 2

Beschreiben Sie mit eigenen Worten das Schema des transaktionalen Stressmodells.
Wie lässt sich das Modell im Zusammenhang mit Ergebnissen folgender Umfrage erklären?

• Wichtiger als Geld: Ein inhaltlich spannender Job in einem netten Team.

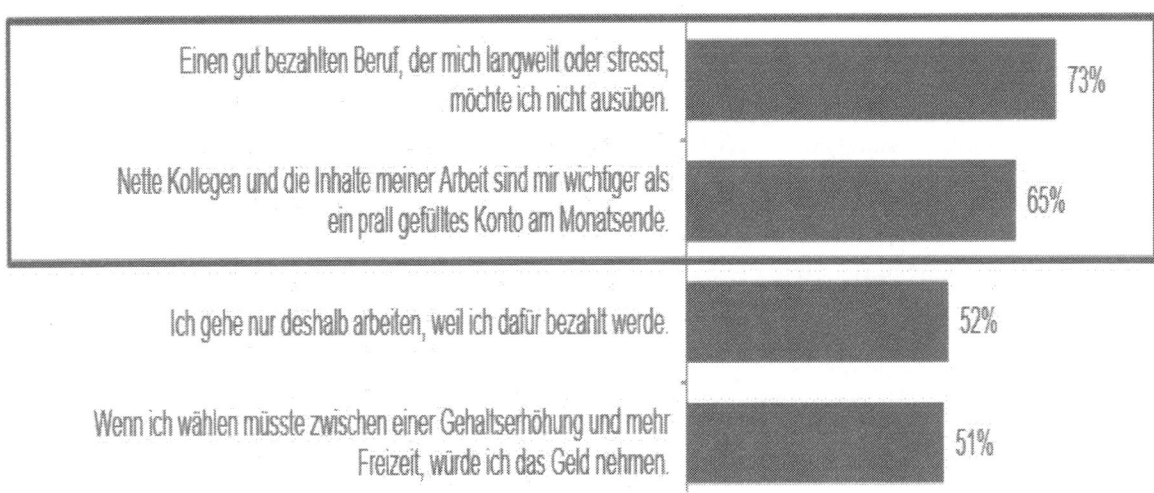

4.2 Mobbing

Erklären Sie kurz, was man unter Mobbing versteht.

Kann Mobbing als Stressor bezeichnet werden?

Warum?

Gibt es typische Mobbingopfer?

Welche Konsequenzen hat Mobbing am Arbeitsplatz?

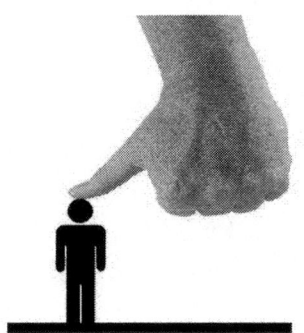

 Frauen mobben häufig anders als Männer. Diese geschlechtsspezifischen Unterschiede im Mobbing-Verhalten spiegeln nicht alleine psychische und erziehungsbedingte Differenzen wider, es liegt auch nahe, dass die ungleiche Verteilung von Positionen im Berufsleben vielen Männern andere Instrumente der Machtausübung ermöglicht, als sie Frauen offenstehen.

Aufgabe 3

Lesen Sie folgende Mobbinghandlungen. Wählen Sie drei und diskutieren Sie, was Betroffene dagegen unternehmen können.

Die zwanzig "beliebtesten" Mobbinghandlungen (Carmen Knorz & Dieter Zapf, 1996)

Platz 1: Hinter dem Rücken wird schlecht über jemanden gesprochen

Platz 2: Abwertende Blicke oder Gesten

Platz 3: Kontaktverweigerungen durch Andeutungen

Platz 4: Falsche Beurteilungen der Arbeitsleistungen - man wird "wie Luft" behandelt

Platz 5: Gerüchte werden verbreitet, ständige Kritik an der Arbeit

Platz 6: Vorgesetzte schränken Äußerungsmöglichkeiten ein

Platz 7: Entscheidungen werden in Frage gestellt

Platz 8: Man bekommt Arbeitsaufgaben weit unter dem Können zugeteilt

Platz 9: Man wird lächerlich gemacht - man spricht nicht mehr mit den Betroffenen

Platz 10: Ständige Unterbrechungen, Kollegen schränken die Äußerungsmöglichkeiten ein

Platz 11: Man lässt sich nicht ansprechen

Platz 12: Anschreien, lautes Schimpfen

Platz 13: Verdächtigung, psychisch krank zu sein, Zwang zu selbstwertverletzenden Arbeiten

Platz 14: Mündliche Drohungen

Platz 15: Zuteilung sinnloser Arbeitsaufgaben

Platz 16: Ständig neue Aufgaben

Platz 17: Man bekommt kränkende Arbeitsaufgaben zugeteilt

Platz 18: Kollegen wird das Ansprechen verboten

Platz 19: Angreifen der politischen Einstellung

Platz 20: Ständige Kritik am Privatleben - man erhält keine Arbeitsaufgaben

4. 3 Burn-out

Aufgabe 4

Arbeiten Sie zu zweit. Lesen Sie folgenden Text Ihrem Partner/-in vor und lassen Sie ihn/sie dann die wichtigsten Punkte zusammenfassen. Besprechen Sie dann zusammen, welche Informationen sich die Hörenden am meisten bemerkt haben.

Ein Burn-out ist ein emotionaler, geistiger und körperlicher Erschöpfungszustand nach einem vorangegangenen Prozess hoher Arbeitsbelastung, Stress und/oder Selbstüberforderung. Bei einem Burnout verliert man immer mehr die Kontrolle und ertrinkt in negativen Gefühlen und Selbstzweifel. Doch gibt es einige Tipps zur Burnout-Prävention: Planen Sie Bewegung in Ihren Alltag ein! Ausreichender Schlaf ist das A und O. Achten Sie auf Ihre Ernährung. Eine gesunde und ausgewogene Ernährung ist wichtig für die psychische und körperliche Gesundheit. Und Sie sollten unbedingt für schöne Momente sorgen. Planen Sie Aktivitäten, worauf Sie sich freuen können.

Notizen:

....
....
....
....
....
....
....
....

Aufgabe 5

Schöne Momente – was stellen Sie sich darunter vor?
Präsentieren Sie Ihre Vorstellung.

… .

… .

… .

… …

… .

… .

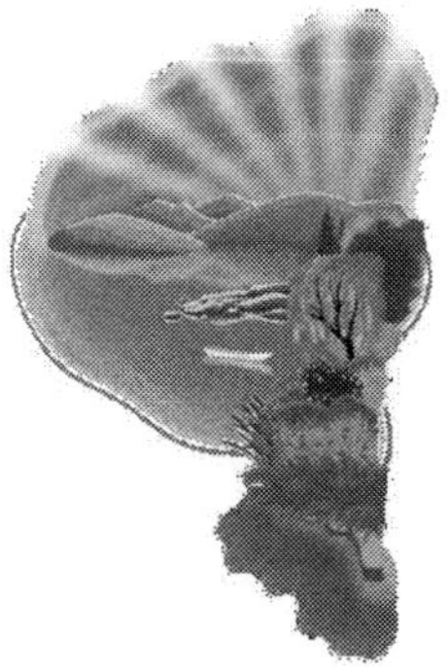

Aufgabe 6

Teilen Sie folgende Burnout-Symptome in physische und psychische Störungen.

Herz-Kreislauf-Probleme - Ständige Sorgen und Schuldgefühle – Selbstzweifel - Lustlosigkeit – Müdigkeit - Panikattacken und Angstzustände - Unzufriedenheit - Stimmungsschwankungen – Schlafstörungen - Innere Leere – Vergesslichkeit – Isolation – Hoffnungslosigkeit – Kraftlosigkeit - Magen-Darm Beschwerden - Gleichgültigkeit – Immunschwäche – Depressionen – Kopfschmerzen - Wut und Aggressionen - Nervöse Ticks - Frustration - Alkohol- oder Medikamentenkonsum

physische Störungen:	psychische Störungen:

Aufgabe 7

Beschreiben Sie folgende Abbildung und diskutieren Sie, warum gerade diese Berufe stark von Burnout betroffen sind.

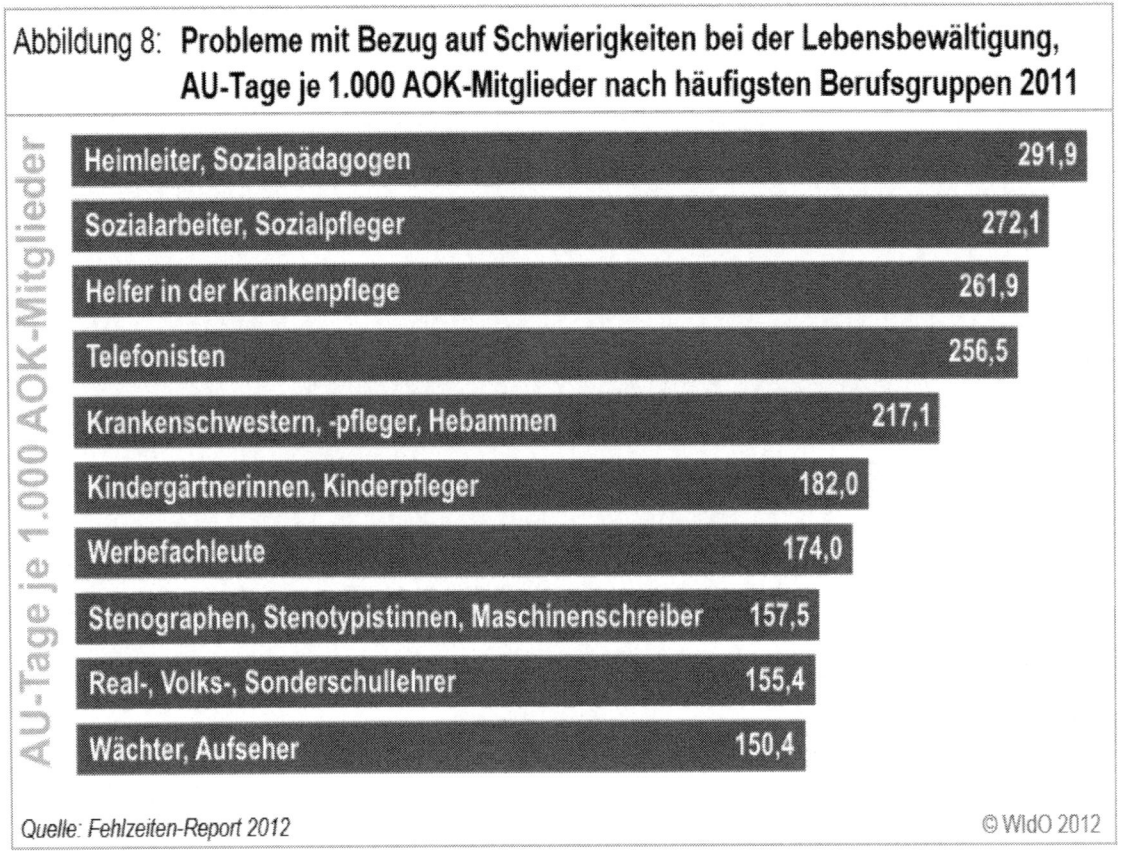

Soziale Berufe stärker von Burnout betroffen

Abbildung 8: **Probleme mit Bezug auf Schwierigkeiten bei der Lebensbewältigung, AU-Tage je 1.000 AOK-Mitglieder nach häufigsten Berufsgruppen 2011**

Berufsgruppe	AU-Tage je 1.000 AOK-Mitglieder
Heimleiter, Sozialpädagogen	291,9
Sozialarbeiter, Sozialpfleger	272,1
Helfer in der Krankenpflege	261,9
Telefonisten	256,5
Krankenschwestern, -pfleger, Hebammen	217,1
Kindergärtnerinnen, Kinderpfleger	182,0
Werbefachleute	174,0
Stenographen, Stenotypistinnen, Maschinenschreiber	157,5
Real-, Volks-, Sonderschullehrer	155,4
Wächter, Aufseher	150,4

Quelle: Fehlzeiten-Report 2012 © WIdO 2012

4. 4 Work-Life Balance

Aufgabe 8

Lesen Sie den Text und ergänzen Sie die Wörter in der richtigen Form.

Steigerung - gesteigert - herausragend - Bindung - Arbeitgebern – günstig – Präferenzen - Arbeitsbedingungen – stehen - abnehmen

Das allgemeine Ziel von betrieblichen Work-Life-Balance-Konzepten ist der Abbau von Interessenskonflikten zwischen .... (1) und Arbeitnehmern. Im Einzelnen zielen Work-Life-Balance-Maßnahmen überwiegend auf eine .... (2) der Selbstorganisation der Mitarbeiter und die Schaffung dafür .... (3) betrieblicher und privater Rahmenbedingungen. Auf Seiten der Unternehmensführung spielen dabei die wechselnden Anforderungen der Unternehmensumwelt, insbesondere der Märkte, eine zentrale Rolle. Work-Life-Balance-Maßnahmen sollen deshalb in allererster Linie zur Flexibilisierung von Unternehmensabläufen sowie Mitarbeiterkontingenten und damit zu .... (4) Marktfähigkeit führen. Unternehmen haben neben der Flexibilität aber auch ein Interesse, die Attraktivität der .... (5) nach innen und außen darzustellen. Work-Life-Balance soll neben Flexibilisierung somit auch zur Steigerung der Leistungsfähigkeit und der Motivation der Mitarbeiter führen, die .... (6) von Führungskräften, Leistungsträgern und Spezialisten an das Unternehmen steigern und die Rekrutierung von Mitarbeitern unterstützen.

Betrachtet man Work-Life-Balance aus der Perspektive der Mitarbeiter, so .... (7) besonders die sich wandelnden Wertorientierungen im Hinblick auf die gesamte Lebensführung im Vordergrund. Wenngleich das Entgelt im Arbeitsleben immer noch eine .... (8) Rolle spielt, ändern sich insbesondere für Menschen mit Verantwortung für Kinder oder Pflegebedürftige allmählich die .... (9). Vor allem für Frauen steht zunehmend nicht oder nicht mehr nur das Geld, sondern die Verfügbarkeit von Zeit im Vordergrund. Dabei .... (10) der Motivationsfaktor Geld mit zunehmender Bildung ...... : Nur noch jeder Vierte mit Abitur bzw. Hochschulbildung begründet seine Motivation am Arbeitsplatz in erster Linie über finanzielle Leistungen.

Aufgabe 9

Wie kann sich ein Ungleichgewicht zwischen Arbeit und Privatleben zugunsten der Arbeit negativ auswirken?

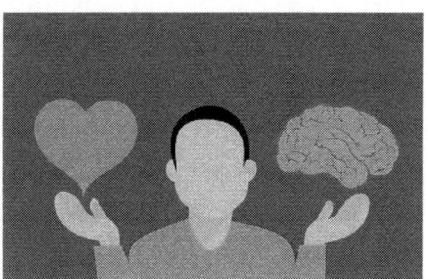

Aufgabe 10

Lesen Sie Erfahrungen aus der Unternehmenspraxis, wie Work-Life-Balance eingeführt werden kann. Fassen Sie dann wesentliche Punkte zusammen.

Im Rahmen seines Erfahrungsberichtes, betonte **Ruhrgas AG (Deutschland)**, ein führendes Gashandelsunternehmen in Europa, die wachsende Bedeutung einer familienfreundlichen Beschäftigungspolitik in Deutschland. Um erfahrenen und qualifizierten Müttern die Rückkehr an den Arbeitsplatz zu erleichtern, hat Ruhrgas ein System arbeitnehmer- bzw. familienfreundlicher Arbeitszeitmodelle eingeführt. Es umfasst über 170 Einzelvereinbarungen, so z.B. die Verkürzung der Tagesarbeitszeit, die Konzentration der Gesamtarbeitszeit auf bestimmte Tage, wöchentliche

Änderungen in der Arbeitszeit oder Wechsel zwischen Arbeit am Vor- und am Nachmittag. Zusätzlich bietet Ruhrgaszahlreiche gesundheitsfördernde Maßnahmen und Freizeitaktivitäten an, um die Gesundheit und das Wohlbefinden der Beschäftige zu verbessern. Hierzu gehört die Entwicklung eines Vorsorgeprogramms für alle Beschäftigten und eine ärztliche Untersuchung für Manager über 40 Jahre. Das Unternehmen verfügt über einen Hilfsfonds, der Beschäftigten im Krankheitsfall, in Härte- oder Notfällen, aber auch bei Familienereignissen wie Hochzeiten oder Geburten eine Beihilfe zahlt. Außerdem gibt es eine Sportgemeinschaft, in der ca. 2000 Mitarbeiter, d.h. 80% der Belegschaft, aktiv sind. Ruhrgas nimmt seine soziale Verantwortung als Unternehmen ernst. Mitarbeiter, die sich in Sozial- oder Hilfsprojektenengagieren (z.B. Flutkatastrophe), werden nach Abstimmung mit dem Unternehmen für die Dauer des Einsatzes von ihrer Arbeit freigestellt. Außerdem tritt das Unternehmen bei zahlreichen kulturellen Veranstaltungen als Sponsor auf.

REWE ist ein großes Einzelhandelsunternehmen mit Sitz in Deutschland, das aus vielen kleineren Betriebseinheiten besteht. Das Unternehmen hat ein Programm mit dem Titel »Besser leben mit Arbeit« aufgelegt. Ziel ist es, die Arbeitsgestaltung so zu modifizieren, dass die Lebensqualität der Beschäftigten steigt. Aufgrund der Tatsache, dass 76% aller REWE-Beschäftigten Frauen sind, besteht eines der Ziele dieses Programms darin, den Frauen die Vereinbarkeit von Arbeits- und Familienleben zu erleichtern. Darüber hinaus hat REWE eine Vielzahl verschiedener Formen der Arbeitszeitvereinbarung entwickelt, so z.B. das Tandem-modell des Job Sharings, hier arbeiten die Beschäftigten eine Woche lang, um anschließend eine Woche freigestellt zu werden. Das hat auch Vorteile für das Unternehmen, da beide »Tandem-Beschäftigten« sich wechselseitig vertreten müssen. Individuell zugeschnittene Vorschläge für das Job Sharing sind willkommen und werden so weit als möglich umgesetzt. Bei Wochenendseminaren in Hotels werden spezielle Kinderbetreuungen arrangiert. Das Unternehmen beabsichtigt außerdem, die sozialen Kompetenzen zu verbessern und den Vorgesetzten mit Hilfe von Schulungsprogrammen zu ermöglichen, gezielter auf die Bedürfnisse der Mitarbeitereingehen zu können.

Ruhrgas	*REWE*

Notizen und Vokabeln

5 Veränderungen von Arbeitsbedingungen

Aufgabe 1

Ergänzen Sie die fehlenden Wörter.

| Arbeitsformen | Grenzen | Selbstbestimmung | | stetig | wichtig |
| Zeitliche | negative | entstehen | | entgegenkommen | |

Sich .... (1) entwickelnde Kommunikations- und Informationstechnologien, eine zunehmend flexibilisierte Arbeitsorganisation und die gesellschaftliche Entfaltung der Multioptionsgesellschaft ermöglichen immer mehr .... (2) wie Home Office oder Mobile Office. Dadurch werden bei der Arbeitsgestaltung seitens des Unternehmens Flexibilität und ....(3) für die Mitarbeitenden zunehmend wichtiger. Unternehmen erhöhen ihre Attraktivität als Arbeitgeber, wenn sie in der Gestaltung der Arbeitszeiten und des Arbeitsortes den Arbeitnehmenden einen Schritt .... (4). Und durch die intensive Nutzung von modernen Informations- und Kommunikationstechnologien kann eine Effizienzsteigerung erzielt werden. Die örtliche und .... (5) Flexibilisierung von Arbeit birgt aber auch Risiken für die Arbeitsgesellschaft und die sie umgebende soziale Ordnung. Mit der ständigen Erreichbarkeit der mobilen Arbeit können .... (6) Folgen für das Privat- und Familienleben .... (7). Eine strikte Trennung zwischen Arbeit und anderen Lebensbereichen ist deshalb .... (8), jedoch tragen leistungsorientierte Entlohnung, Outsourcing, Home Office und mobiles Arbeiten zur Verwässerung dieser .... (9) bei.

Aufgabe 2
Erklären Sie die Begriffe „Home Office" und „Mobile Office".

5. 1 Digitalisierung

Die Anpassung der Kompetenzen geschieht über Aus- und Weiterbildungen, die sich laufend entsprechend den veränderten Anforderungen auf dem Arbeitsmarkt entwickeln.

Aufgabe 3

Erklären Sie die Einführung neuer Technologien am folgenden Beispiel.

Einführung von Bankomaten

....

....

....

....

(i) Die Einführung von Bankomaten ist ein oft genanntes Beispiel für einen solchen Kompensationsmechanismus. Sie führte entgegen den Erwartungen nicht zu einem Stellenrückgang, sondern zu einer Zunahme bei den Bankschalterangestellten. Dies erstens, weil durch die Kostensenkungen neue Bankfilialen entstanden sind und zweitens, weil Schalterangestellte neue Aufgaben wie beispielsweise Kundenpflege und Beratungsservices übernahmen. Innovations- und technologieintensive Länder weisen tendenziell tiefere Arbeitslosenquoten auf als Länder mit schwacher Innovationsneigung.

Während Computer in vielen Berufen verbreitet zum Arbeitsalltag gehören und generell einen kompetenten Umgang mit digitalen Technologien voraussetzen, erfordert die Integration von digitalen Technologien in die Produktions- und Arbeitsprozesse neue berufsspezifische Fachkompetenzen. Im Zuge der Digitalisierung haben sich nicht nur berufsspezifische, sondern auch berufsübergreifende Kompetenzen verändert. Wichtig sind diese besonders in Kombination mit berufsspezifischem Fachwissen.

Aufgabe 4

Lesen Sie die Ergebnisse der Studie zur Wichtigkeit der deutschen Sprache im slowakischen Unternehmen im Anhang 2. Kann man die Beherrschung der deutschen Sprache als eine berufsübergreifende Kompetenz betrachten?
Warum ist Deutsch im Unternehmen in der Slowakei so wichtig?

Aufgabe 5

Besprechen Sie folgende Übersicht über die neuen Kompetenzanforderungen im Kontext der Digitalisierung und überlegen Sie, in welchen Berufen solche Kompetenzen gefragt sind.

Kompetenz	Beschreibung
IT-Affinität	- Technologiewissen und Anwendungskompetenz
Analytische Kompetenzen	- Daten analysieren, beurteilen und interpretieren - Analytisches und kritisches Denken
Soft Skills	- Flexibilität, Anpassungsfähigkeit an Veränderungen - Kreativität, Innovationsfähigkeit und Out-of-the-Box Denken - Vernetztes und prozessorientiertes Denken - Umgang mit Unsicherheiten
Kundenorientierung und Kommunikation	- Individualisierte Kundenberatung und -betreuung - Führungs- und Präsentationskompetenzen - Umgang mit neuen Kommunikationstechnologien und den sozialen Medien

Aufgabe 6

Verbinden Sie die Beschreibung der Umfrage mit der passenden Angabe in der Graphik.

Doch trotz des insgesamt sehr positiven Fazits über die allgemeinen wie persönlichen Auswirkungen der Digitalisierung werden einige der damit verbundenen Entwicklungen durchaus kritisch bewertet. Dazu zählen die ständige Erreichbarkeit sowie die Gefahr, dass soziale Kontakte leiden könnten.

A) So findet es die Hälfte der jungen Generation bedenklich, wenn Berufstätige auch außerhalb der Arbeitszeiten über E-Mail oder per Handy erreichbar sein müssen.

B) Jeder Zweite sieht diese Entwicklung kritisch, nur 37 Prozent finden dies nicht weiter schlimm.

C) Vor allem Frauen empfinden die ständige Erreichbarkeit als problematisch: 58 Prozent der 15- bis 24-jährigen Frauen sehen es kritisch, wenn Berufstätige für Kunden oder Vorgesetzte auch außerhalb der Dienstzeiten erreichbar sein müssen.

D) Von den 15- bis 24-jährigen Männern teilen diese Einschätzung nur 42 Prozent, ebenso viele haben damit weniger Probleme.

E) Auch Schüler sehen die ständige Erreichbarkeit von Berufstätigen außerhalb ihrer Arbeitszeiten überdurchschnittlich gelassen.

F) Überproportional kritisch fällt hingegen das Urteil der Berufstätigen aus.

5. 2 Flexibilisierung

Aufgabe 7

Finden Sie zu jedem Abschnitt eine passende Überschrift.

....

Die Digitalisierung wird die Wirtschaft und den Arbeitsmarkt tiefgreifend verändern. Schon jetzt ermöglichen digitale Technologien es beispielsweise Arbeitnehmern, ihre Arbeit flexibler und unabhängig von Zeit und Ort zu gestalten. Diese Entwicklung wird allerdings von Arbeitnehmern nicht nur positiv bewertet, sondern führt auch zu Skepsis. Laut einer aktuellen repräsentative Umfrage, die das Meinungsforschungsinstitut YouGov im Auftrag von eco – Verband der Internetwirtschaft e.V. durchgeführt hat, erkennt derzeit lediglich knapp ein Viertel (22%) der Deutschen die positiven Effekte, die die voranschreitende Digitalisierung der Arbeitswelt auf ihre persönliche Work-Life-Balance hat. Die Politik sollte diese Bedenken ernst nehmen und im Dialog mit Arbeitgebern und Arbeitnehmern einen ausgewogenen Regelungsrahmen für die digitale Arbeitswelt schaffen, der die Bedürfnisse von Arbeitnehmern und Unternehmen gleichermaßen berücksichtigt. Dies entspricht auch den Wünschen der Bevölkerung. 46% der Deutschen sehen die Notwendigkeit für Regeln, die die Balance zwischen Berufs- und Privatleben in Zeiten ständiger Erreichbarkeit via Handy und Tablet wiederherstellen.

....

Aus Sicht der Internetwirtschaft sind mit dem digitalen Wandel mehr Chancen als Bedrohungen verbunden. „Es ist für uns das richtige Zeichen, dass Bundesministerin Nahles diese Chancen erkannt hat und in ihrem Weißbuch mit den Themen Weiterbildung und Anpassungen im Arbeitsrecht zwei richtige Schwerpunkte setzt. Jetzt kommt es darauf an, bei der Anwendung und Umsetzung die richtige Balance zwischen notwendiger Regulierung und Innovationsoffenheit zu finden", sagt eco-Vorstandsvorsitzender Professor Michael Rotert. Die Politik dürfe allerdings nicht den Fehler machen, die Unternehmen durch Sorge um Arbeitsplätze an notwendigen Innovationen und Investitionen im Bereich der Neuausrichtung von Arbeit zu hindern.

....

Voraussetzung für diese effizienteren und flexibleren Arbeitsstrukturen ist laut eco, dass rechtzeitig die entsprechenden Rahmenbedingungen geschaffen werden. „Die arbeitsrechtlichen Bestimmungen müssen an flexible und mobile Arbeitsformen angepasst werden. Es braucht flexible Regelungen, damit neue Arbeitsmodelle nicht an starren und überholten Vorschriften scheitern. Nur so können arbeitsschutzrechtliche und sozialrechtliche Aspekte mit dem Recht auf Selbstbestimmung von Arbeitnehmern in Einklang gebracht werden", so Rotert.

Aufgabe 8

Fassen Sie die wichtigsten Informationen zusammen und charakterisieren Sie Flexibilisierung.

-
-
-

Zu viel berufliche Flexibilität schadet der Psyche

Durch die zeitliche und räumliche Flexibilisierung der Arbeitswelt stoßen Arbeitnehmer an ihre psychischen Belastbarkeitsgrenzen. Insbesondere bei ständiger Erreichbarkeit, häufigen Überstunden, wechselnden Arbeitsorten und langen Anfahrtswegen zur Arbeit leiden Beschäftigte zunehmend an psychischen Beschwerden. Das belegt der „Fehlzeiten-Report" des Wissenschaftlichen Instituts der AOK (WIdO). „Im Grunde ist es gut für die Gesundheit, wenn Beschäftigte ihre Arbeit räumlich und zeitlich an die eigenen Bedürfnisse anpassen können. Aber diese Flexibilität braucht ihre Grenzen", sagte Helmut Schröder, Herausgeber des Fehlzeiten-Reports und stellvertretender Geschäftsführer des WIdO.

Ständige Erreichbarkeit und permanente Mobilitätsbereitschaft sind heute für viele Erwerbstätige Realität und haben den klassischen Büro-Arbeitstag von neun Uhr morgens bis fünf Uhr nachmittags abgelöst. Eine repräsentative Befragung des Wissenschaftlichen Instituts der AOK (WIdO) für den neuen Fehlzeiten-Report belegt dies deutlich. Mehr als jeder dritte Erwerbstätige hat in den letzten vier Wochen häufig Anrufe oder E-Mails außerhalb der Arbeitszeit erhalten (33,8 Prozent) oder Überstunden geleistet (32,3 Prozent). Auch Arbeit mit nach Hause zu nehmen (12,0 Prozent) oder an Sonn- und Feiertagen zu arbeiten (10,6 Prozent) stellt kein Randphänomen dar. Nahezu jeder achte Beschäftigte gibt zugleich an, dass er Probleme mit der Vereinbarkeit von Arbeit und Freizeit hat (13,2 Prozent) oder auch wegen beruflicher Verpflichtungen Pläne für private Aktivitäten geändert hat (12,8 Prozent).

„All diese Belastungen im Arbeitsalltag führen dazu, dass diese Beschäftigten mehr an psychischen Beschwerden leiden als diejenigen, die diesen Belastungen nicht ausgesetzt sind", erläuterte Helmut Schröder. Dabei berichten die Befragten nicht nur über Erschöpfung oder das Problem in der Freizeit nicht abschalten zu können, sondern auch über Kopfschmerzen oder Niedergeschlagenheit. Die verschiedenen Entgrenzungsformen von Arbeit und Freizeit führen zu deutlich mehr psychischen Problemen: Bei häufig mangelnder Vereinbarkeit von Beruf und Freizeit werden mehr als doppelt so viele Beschwerden benannt. Auch wer häufig private Aktivitäten aufgrund beruflicher Belange verschiebt, an Sonn- und Feiertagen arbeitet oder häufig Überstunden leistet berichtet häufiger von psychischen Beschwerden.

Aufgabe 9

Fassen Sie die wesentlichen Inhalte des Textes zusammen, indem Sie folgende Abbildungen ergänzen.

Typische Folgen bei Belastung der Beschäftigten:

-
-
-
-

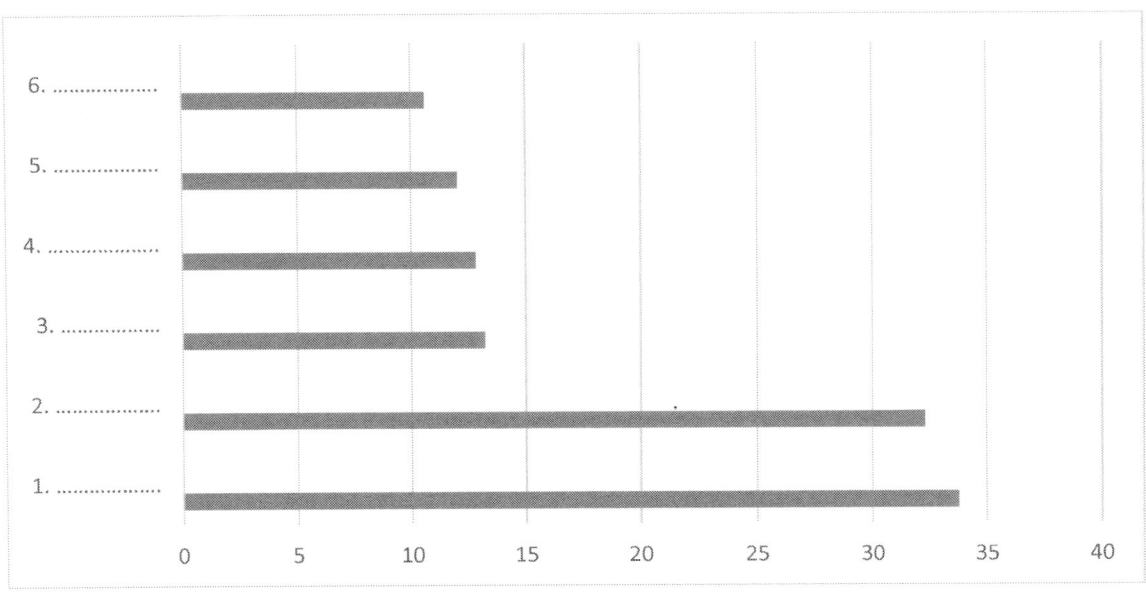

Aufgabe 10

Pendeln zur Arbeit
Sammeln Sie Ideen, welche Auswirkungen lange Fahrtzeiten zu dem Arbeitsplatz haben können.

Vorteile	Nachteile

Lesen Sie nun den Text und vergleichen Sie Ihre Meinungen mit den Angaben im Text:

Lust und Last der Mobilität

Immer öfter sind Arbeitnehmer mobil: Heute sind bereits rund 40 Prozent der Berufstätigen zirkulär oder residenziell mobil. Das heißt, sie sind entweder Wochenendpendler, pendeln täglich mindestens eine Stunde zur Arbeit oder haben ihren Wohnort aufgrund beruflicher Anforderungen gewechselt. Viele Beschäftigte nehmen auch lange Fahrtzeiten zu ihrem Arbeitsplatz in Kauf. Aus der räumlichen Mobilität ziehen Arbeitnehmer durchaus Vorteile, etwa indem sie Arbeitslosigkeit vermeiden oder Aufstiegschancen an anderen Orten nutzen. Gleichzeitig sind sie aber auch stärker psychischen Belastungen ausgesetzt, wie Erschöpfung oder Niedergeschlagenheit. Ergänzende Fehlzeitenanalysen bestätigen einen Zusammenhang von Fehltagen sowie Fallzahl psychischer Erkrankungen und der Länge des Anfahrtsweges zur Arbeit. Bei Beschäftigten, deren Arbeitsplatz mehr als 500 km von ihrem Wohnort entfernt ist, gab es statistisch fast einen halben Fehltag mehr aufgrund einer psychischen Erkrankung als bei Beschäftigten, die weniger als 30 km zur Arbeit pendeln. Dieser Wert steigt kontinuierlich mit der Distanz zwischen Wohn- und Arbeitsort. Bei Beschäftigten, die mehr als 500 km von ihrem Wohnsitz arbeiten, waren dies immerhin 11,1 Prozent. Damit unterliegen Pendler mit großen Strecken einem um 20 Prozent höheren Risiko, an psychischen Symptomen zu erkranken. „Hier gilt es, die Innovationen bei den modernen Kommunikationsmedien zu nutzen. So können Unternehmen und Beschäftigte Flexibilitätsanforderungen und gesundes Arbeiten besser miteinander in Einklang bringen", so Helmut Schröder.

Erklären Sie folgende Begriffe.

- **zirkulär mobil**
- **residenziell mobil**
- **Wochenpendler**
- **Fehlzeitanalyse**
- **Flexibilitätsanforderungen**

Aufgabe 12

Lesen Sie den Text und fassen Sie die wesentlichen Empfehlungen zusammen, wie man Innovationen mit der Flexibilität verbinden kann.

Chancen der Flexibilität nutzen

„Flexibel und mobil zu arbeiten, bietet sowohl jedem Einzelnen als auch den Unternehmen Vorteile, wenn es mit mehr Wahlfreiheit und Handlungsautonomie verbunden ist", folgerte WIdO-Experte Schröder. So eröffnet die neue Arbeitsstelle in einer anderen Stadt beispielsweise neue Lern- und Entwicklungschancen. Außerdem wird die räumliche Beengtheit eines Ortes aufgehoben, wenn man zum Arbeitsplatz pendelt oder durch virtuelle Kommunikation ortsungebunden an gemeinsamen Projekten arbeiten kann. „Damit Unternehmen und Beschäftigte den Spagat zwischen Flexibilitätsanforderungen und gesundem Arbeiten meistern können, müssen die Innovationen bei den modernen Kommunikationsmedien genutzt werden", so Schröder. Laptops oder Handys, aber auch Telefon- und Videokonferenzen ermöglichen beispielsweise, das heimische Büro zu nutzen und gleichzeitig in der Welt präsent zu sein.

5. 3 Arbeitslosigkeit

... ist das Ungleichgewicht zwischen Angebot und Nachfrage auf
dem Arbeitsmarkt

Aufgabe 13

Mit Hilfe von folgenden Tabellen diskutieren Sie über das Thema Arbeitslosigkeit.
Präsentieren sie einzeln oder in einer Gruppe.

Bevölkerung

ÖKONOMISCH AKTIV:

a) Berufstätige

b) Arbeitslose

ÖKONOMISCH INAKTIV:

a) Rentner

b) Studenten

c) Hausfrauen

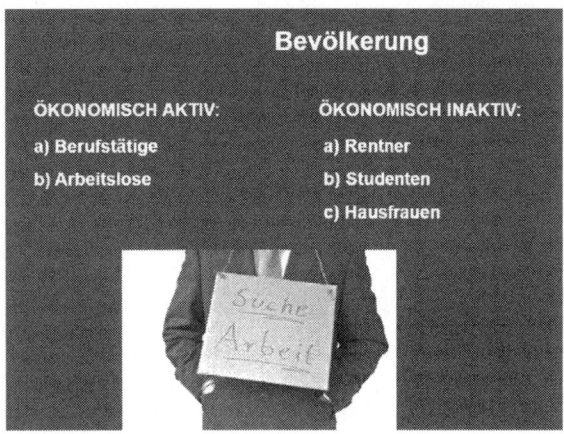

Gefährdete Personengruppen

- Personen unter 25 Jahren

- Frauen, die nach längerem Mutterschaftsurlaub wieder arbeiten wollen

- Arbeitnehmer über 50 Jahren, die in einem neuen Beruf starten wollen

- Arbeitnehmer mit niedrigem Ausbildungsstand

- Menschen mit Migrationshintergrund, die vor allem als ungelernte
  Arbeitskräfte erwerbstätig sind

- gesundheitlich beeinträchtigte Menschen

Folgen der Arbeitslosigkeit:

- Nachfrage verschlechtert sich

- familiäre Beziehungen und Gesundheitszustand verschlechtern sich

- Bruttoinlandsprodukt entsteht nicht

- Lebensniveau sinkt

- Kriminalität steigt

Arten der Arbeitslosigkeit

a) **Friktionale Arbeitslosigkeit** - eine Tätigkeit wurde aufgegeben und eine neue
noch nicht gefunden (kurzfristig, dauert von einigen Tagen bis zu ein paar Wochen)

b) **Saisonale Arbeitslosigkeit** - entsteht durch Klimabedingungen, am häufigsten in
der Baubranche und dem Tourismus (die Dauer ist länger, z.B. einen Winter)

c) **Konjunkturelle Arbeitslosigkeit** - entsteht, wenn Konjunktur und die Nachfrage
nach Gütern nachlassen und Unternehmen Arbeitskräfte entlassen müssen (dies kann
ein kurz-, mittel- oder auch langfristiges Problem darstellen und sogar zu
Massenarbeitslosigkeit führen)

d) **Strukturelle Arbeitslosigkeit** - entsteht durch Anpassungsprozesse, z. B.
Änderungen von Qualifikationen, Technologien in den Wirtschaftssektoren (Problem ist
langfristig, führt oft zu Änderungen der Wirtschaftsstrukturen)

Gesundheitliche Folgen

a) Verschlechterung der Gesundheit wegen Fehlernährung

b) erhöhter Alkohol-, Zigaretten und Tablettenkonsum

c) Medikamentenmissbrauch

d) Zunahme psychosomatischer Erkrankungen (asthmatische Beschwerden,
Rücken- und Kopfschmerzen, Gelenkreumatismus)

e) Schlafstörungen, Ängstlichkeit, Nervosität, Gereiztheit, depressive Stimmungen

f) Verachlässigung medizinischer Behandlung

g) höhere Selbstmordgefährdung

h) das Körpergewicht und Blutdruck verädern sich

i) Störungen des Nervensystems

j) Schwächung des Immunsystems

Psychisch-soziale Folgen

- finanzielle Probleme

- soziales Selbstweltgefühl leidet unter Arbeitslosigkeit

- die Zeitstruktur des Alltags verändert sich

- Verlust der Zukunftsperspektive

- persönliche Selbstdarstellug bei der Berufsausübung verschlechter sich

- persönliche Schuldgefühle

Notizen und Vokabeln

6   Arbeit und Persönlichkeit

Die Personalauswahl ist ein wichtiger Erfolgsfaktor für Unternehmen. Werden die richtigen Mitarbeiter eingestellt, kann langfristiger Erfolg erreicht werden – falsche Personalentscheidungen kosten hingegen nur Zeit und Geld.

Um die bestmögliche Personalauswahl zu treffen, werden sowohl interne als auch externe Bewerber und Kandidaten genau analysiert und nach verschiedenen Kriterien bewertet. Dabei kommen verschiedene und extrem vielschichtige Methoden zum Einsatz, die von Fragebögen und Interviews über zu ausgefeilten und komplizierten eignungsdiagnostischen Verfahren bis hin zu Persönlichkeitstests und mehrstufigen Assesment-Centern reichen.

Aber wie läuft die Personalauswahl ab?

Wer ist daran beteiligt?

Worauf sollten auch Bewerber achten?

6. 1 Personalauswahl

Jedes Unternehmen entwickelt im Laufe der Zeit einen eigenen und individuellen Ablauf der Personalauswahl. So soll die Selektion an die Bedürfnisse und Erwartungen angepasst werden. Dennoch gibt es einen klassischen Ablauf, an dem sich die Personalauswahl orientiert:

Aufgabe 1

Ordnen Sie die einzelnen Schritte der Personalauswahl in richtige Reihenfolge ein.

1. …..	a) Stellenanzeige erstellen
2. …..	b) Personalauswahl abschließen
3. …..	c) Anforderungsprofil aufstellen
4. …..	d) Bewerbungen analysieren
5. …..	e) Gespräche führen
6. …..	f) Vorauswahl treffen

Aufgabe 2

Ordnen Sie die einzelnen Schritte den Beschreibungen zu.

…………………………………

Zunächst muss festgelegt werden, was für ein Mitarbeiter überhaupt gesucht wird. Hierfür wird ein Anforderungsprofil erstellt, das klar definiert, welche Qualifikationen und Fähigkeiten ein Kandidat mitbringen muss und welche Erwartungen an die Position gestellt werden.

....

Anhand des Profils wird im nächsten Schritt die Stellenanzeige erstellt und veröffentlicht. Dies geschieht normalerweise sowohl intern als auch bei externen Stellenbörsen, um eine möglichst große Zahl an Bewerbern zu erreichen.

....

Nun folgt die Sichtung und Analyse aller eingereichter Unterlagen. Durch festgelegte Kriterien und das Anforderungsprofil sollen so die besten und passendsten Bewerber herausgefiltert werden.

....

Durch die Analyse kann dann eine Vorauswahl getroffen werden, da es kaum möglich ist, hunderte von Bewerbern einzuladen. So wird der Kreis potenzieller neuer Mitarbeiter deutlich reduziert.

....

Anschließend werden persönliche Gespräche und Auswahlverfahren durchgeführt. Telefoninterviews, Vorstellungsgespräche und Assessment-Center sind klassische Methoden dieser Phase, um sich ein genaueres Bild der verbleibenden Kandidaten machen zu können.

....

Im letzten Schritt wird dann eine Entscheidung über die Personalauswahl getroffen und der ausgewählte Bewerber erhält eine Zusage für die Stelle. Nach Gehaltsverhandlung und Unterzeichnung des Arbeitsvertrages kann die Zusammenarbeit beginnen.

Checkliste Personalauswahl
Darauf muss man achten:

QUALIFIKATION

Qualifikationen können je nach Anforderungsprofil ein **Hochschulstudium** oder eine **Berufsausbildung** sein. Je nach Position wird ein **Bachelor** oder ein **Master** vorausgesetzt. Natürlich muss der Bewerber die passende Studienrichtung für die Stelle vorweisen.

FÄHIGKEITEN

Fähigkeiten sind **angeborene Eigenschaften**, die einem helfen können, Fertigkeiten schneller zu erlernen. Gefragte Fähigkeiten sind beispielsweise analytisches und logisches Denken, emotionale Intelligenz oder Kreativität .

FERTIGKEITEN

Fertigkeiten oder auch **Hard Skills** genannt, sind Fähigkeiten, die der **Kandidat erlernt hat**. Das können Programmiersprachen wie Java, Rechnungswesen, Umgang mit Software wie Excel oder Photoshop oder Fremdsprachenkenntnisse sein.

SOFT SKILLS

Soft Skills sind **außerfachliche Kompetenzen**. Soft Skills können zum Beispiel Teamfähigkeit, Stressmanagement, Empathie oder Sorgfältigkeit sein. Welche Soft Skills für die Position relevant sind, sollten sie vorab klären und im **Assessment Center** testen.

CULTURAL FIT

Unter Cultural Fit versteht man, wie gut der Kandidat in die **Unternehmenskultur** passt. Findet der Kandidat sich in den Leitprinzipien des Unternehmen wieder, arbeitet er effizienter und ist zufrieden mit seinem Arbeitsplatz und Sie mit ihm.

Aufgabe 3
Checkliste – schreiben Sie, was Sie zu jedem Punkt dem Arbeitnehmer anbieten könnten.

- Qualifikation:

- Fähigkeiten:

- Fertigkeiten:

- Soft Skills:

- Cultural Fit:

Bewerbungsunterlagen

Aufgabe 4

Was alles gehört zu den Bewerbungsunterlagen?

(i) Arbeitszeugnis - Der Zeugnisanspruch ergibt sich aus dem Gesetz und aus den Tarifverträgen. Seit 1. Januar 2003 gilt für alle Arbeitnehmer der § 109 der Gewerbeordnung. § 109 GewO lautet: (1) Der Arbeitnehmer hat bei Beendigung eines Arbeitsverhältnisses Anspruch auf ein schriftliches Zeugnis. Das Zeugnis muss mindestens Angaben zu Art und Dauer der Tätigkeit (einfaches Zeugnis) enthalten. Der Arbeitnehmer kann verlangen, dass sich die Angaben darüber hinaus auf Leistung und Verhalten im Arbeitsverhältnis (qualifiziertes Zeugnis) erstrecken.

(2) Das Zeugnis muss klar und verständlich formuliert sein. Es darf keine Merkmale oder Formulierungen enthalten, die den Zweck haben, andere als aus der äußeren Form oder aus dem Wortlaut ersichtliche Aussage über den Arbeitnehmer zu treffen.

(3) Die Erteilung des Zeugnisses in elektronischer Form ist ausgeschlossen.

Bei dieser Neufassung wurde das sprachlich veraltete Wort „Führung" durch „Verhalten im Arbeitsverhältnis" ersetzt. Gemeint ist das Sozialverhalten im Unternehmen gegenüber Vorgesetzten, Kollegen, Mitarbeitern, Kunden, Besuchern.

Anspruch haben auch leitende Angestellte (nach § 5 Abs. 3 BetrVG), Teilzeitkräfte, Aushilfen, Beschäftigte mit befristeten Arbeitsverträgen, Praktikanten und Zivildienstleistende. Auszubildende haben einen Anspruch nach § 16 Abs. 1 Berufsbildungsgesetz.

Der Arbeitnehmer muss das Zeugnis ausdrücklich verlangen.

Aufgabe 5

Lesen Sie die Informationen über Arbeitszeugnis und ergänzen Sie das richtige Wort in den Text.

Dienstzeugnis – Urkunde – Wohlwollen – Arbeitsleistung – berufliche – Arbeitnehmer – triftiger - Arbeitsplatz – Personalien – Beschäftigung – Anspruch - qualifizierten

Ein Arbeitszeugnis ist eine vom Arbeitgeber erstellte .... über ein Dienstverhältnis. In Österreich spricht man statt von einem Arbeitszeugnis von einem...............................

Wenn lediglich die gesetzlichen Mindestanforderungen in Bezug auf den Inhalt erfüllt sind, dann spricht man von einem einfachen Arbeitszeugnis. Es enthält die .... und Angaben zu Art und Dauer der ...., aber keine Wertungen.

In einem .... Arbeitszeugnis beurteilt der Arbeitgeber zusätzlich die .... einschließlich der Qualifikation und das dienstliche Verhalten des..........................., wenn dieser das Unternehmen verlässt (Endzeugnis). Wenn das Arbeitsverhältnis nicht beendet ist, aber ein .... Grund vorliegt, kann der Arbeitnehmer ein Zwischenzeugnis verlangen, wie etwa beim Wechsel des Vorgesetzten oder bei Versetzung auf einen anderen........................... Das Arbeitszeugnis kann eine Empfehlung sein, ist aber kein persönlich gehaltenes Empfehlungsschreiben.

Deutschland und die Schweiz sind die einzigen Länder in Europa, in denen es einen gesetzlichen .... auf ein qualifiziertes Arbeitszeugnis gibt. Nach der Rechtsprechung muss das Zeugnis wohlwollend formuliert sein, um dem Arbeitnehmer das „.............................. Fortkommen nicht zu erschweren". In: Österreich hat man gemäß § 39 Angestelltengesetz dagegen nur Anspruch auf ein Zeugnis „über die Dauer und die Art der Dienstleistung", so dass ein qualifiziertes Dienstzeugnis vom .... des Arbeitgebers abhängt.

6. 2 Personalentwicklung

Allgemein versteht man darunter alle Maßnahmen, die zur Förderung und Bildung der Mitarbeiter eines Unternehmens dienen. Dies kann ganz unterschiedliche Kompetenzfelder betreffen, von fachlichen, methodischen bis sozialen Kompetenzen. Das Ziel der Personalentwicklung ist es, langfristig sicherzustellen, dass die richtigen Mitarbeiter zur gewünschten Zeit in den benötigten Positionen einsetzbar sind.

Optimalerweise wird die Personalentwicklung dreierlei Ansprüchen gerecht:
1. Unternehmensziele: Die Geschäftsführung hat den Beitrag der Personalentwicklung zur Wettbewerbsfähigkeit im Blick.
2. Personalbedarf: Vorgesetzte möchten motivierte und zufriedene Mitarbeiter, deren Können auf der Höhe der Zeit ist.
3. Individuelle berufliche Wünsche: Mitarbeiter wollen ihr Wissen neigungsgerecht vertiefen, um attraktive Arbeitnehmer zu bleiben.

Welche Ziele gibt es im Einzelnen?

Aufgabe 6

Besprechen Sie die einzelnen Ziele der Personalentwicklung. Führen Sie auch konkrete Beispiele an. Arbeiten Sie in Gruppen.

Ziele der Personalentwicklung für Unternehmen:

– die fachliche und methodische Qualifikation der Mitarbeiter aufrechterhalten und weiterbilden (etwa analytisches Denken, Projektmanagement und Kostenbewusstsein)
– die soziale und persönliche Qualifikation der Mitarbeiter aufrechterhalten und weiterbilden (etwa Selbstmanagement, Empathie und Führungskompetenzen)
– den notwendigen Fach- und Führungskräftebestand sichern, potentielle Nachwuchsführungskräfte erkennen und vorbereiten

– die Motivation und Zufriedenheit der Mitarbeiter mit ihrer Arbeit und ihrem Arbeitgeber sichern und steigern

– Fehlbesetzungen und Defizite beim Stellenbesetzungen aufdecken und gegensteuern

– Effizienz und Wirtschaftlichkeit des Unternehmens verbessern und auf künftige Aufgaben und Herausforderungen ausrichten

Ziele der Personalentwicklung für Mitarbeiter:

– vorhandene Defizite abbauen und bisher ungenutzter Potenziale erkennen und fördern

– das eigene Aufgaben- und Verantwortungsgebiet eignungs- und neigungsgerecht gestalten

– das Risiko des Arbeitsplatzverlustes reduzieren und gleichzeitig die eigenen Chancen am Arbeitsmarkt verbessern

– die Karriere- und Laufbahnmöglichkeiten verbessern und ggf. ein höheres Einkommen erzielen

– das persönliche Prestige und Selbstbewusstsein erhöhen

Aufgabe 7

Ergänzen Sie in den Text, für welche Zielgruppe die einzelnen Maßnahmen bestimmt sind:

Angestellte - Berugseinsteiger – Berufsausteiger

Welche Personalentwicklungs-Maßnahmen gibt es?

–Für ……………………….:
Berufsausbildung, berufsbegleitendes Studium, Trainee-Programme, Coaching, Praktika

– Für ……………………….:
    – Maßnahmen am Arbeitsplatz: Coaching, Mentoring, Job Enrichment, Job Enlargement, Job Rotation
    – Berufsbezogene Maßnahmen: Lernstätten und Lernpartnerschaften, Qualitätszirkel, Projektarbeiten, Fortbildungen/Seminare/Workshops, Förderkreise, Assessmentcenter
    – Berufsbegleitende Maßnahmen: Projektarbeiten, Junior Executive Board, Karriereplanung

– Für ………………………..:
Seminare, Vorträge, Personalgespräche, Betriebsinformationen.

Aufgabe 8

Tipp: Unklare Bezeichnungen können sie im Internet recherchieren.

6. 3 Konfliktbewältigung

Wenn unterschiedliche Interessen oder Wertvorstellungen von Einzelpersonen, gesellschaftlichen Gruppen oder Staaten scheinbar (oder tatsächlich) unvereinbar aufeinanderprallen, bezeichnet man dies als Konflikt.

Aufgabe 9

Diskutieren Sie über folgende Fragen:

Wodurch können Konflikte am Arbeitsplatz entstehen?
Von welchen Faktoren hängen sie ab?
Welche Methode zur Konfliktbewältigung haben Sie persönlich?

Aufgabe 10

Welche Auswirkungen können Konflikte im Unternehmen haben?

Beantworten Sie die Frage, indem Sie folgende Schwerpunkte besprechen:
- Arbeitsatmosphäre
- Erkrankungen
- Erfolg
- Qualität

Konfliktlösung am Arbeitsplatz

Konflikte werden anhand einer Strategie bewältigt. Welche angewandt wird, ist individuell und zumeist unbewusst. Bevor man sich an die erfolgreiche Lösung des Konflikts heran begibt, ist es sinnvoll genau hinzuschauen, was der eigentliche Grund dafür ist – denn bei genauerer Betrachtung ist es oft nicht der vordergründige Auslöser, sondern liegt die Ursache viel tiefer.

Konflikte können auf drei Ebenen ablaufen

- der Sachebene,

- der Beziehungsebene und

- der Machtebene.

Aufgabe 11

Nennen Sie Gründe, warum Konflikte auf den drei Ebenen entstehen können.
Führen Sie konkrete Beispiele an.

Möglichkeiten zur Konfliktbewältigung

Aufgabe 12

Ergänzen Sie die einzelnen Möglichkeiten zur Konfliktbewältigung in den Text:

Konfrontation – Kooperation – Anpassung – Vermeidung – Kompromiss

a) ....

Die eine Konfliktpartei sieht keine Möglichkeiten, ihre Position durchzusetzen. Das bedeutet auch, dass sie bereit ist, die eigenen Interessen und Bedürfnisse absolut zurückzustellen. Dieser Ausweg wird gewählt, wenn die besagte Konfliktpartei weder die Mittel, noch die Macht oder aber auch keine Motivation oder Interesse hat, die eigenen Interessen zu vertreten und entsprechend dafür zu kämpfen.

b) ....

Dieser Stil wird gewählt, wenn die eine Partei keineswegs von ihrer Position abweicht; eine Lösung ist grundsätzlich nur für die eine Seite zufriedenstellend. Der- oder diejenige wird vor allem, wenn er in einer machtvolleren Position ist, seine Interessen in jedem Fall versuchen durchzudrücken. Konfrontation und Anpassung sind gewissermaßen zwei Seiten einer Medaille; diese beiden Strategien sind die traditionelle Form der Konfliktlösung, bei der es quasi einen „Gewinner" und einen „Verlierer" gibt.

c) ....

Beide Parteien vermeiden es, den Konflikt anzusprechen und so schwelt er und kann sich irgendwann an einer Kleinigkeit entzünden. Diese Art des Umgangs mit Konflikten ist am unproduktivsten, da keine Partei ihre Interessen entsprechend durchsetzen kann. Ursächlich für diese Wahl ist zumeist die Befürchtung, dass man im Falle eines offenen Streits seine Position nicht durchsetzen kann, sich für das Problem beziehungsweise seine Lösung nicht interessiert oder unsicher ist, wie man das Problem ansprechen soll.

d) ....

Diese Strategie wird gewählt, wenn…

- für eine oder beide Parteien bereits abzusehen ist, dass sie ihre eigenen Interessen nicht durchsetzen kann,
- beide Konfliktparteien dieselbe Machtposition einnehmen, so dass keine von beiden eine Lösung erzwingen kann, oder
- eine der beiden Konfliktparteien die Lösung nicht akzeptiert.

Im Gegensatz zu den anderen Strategien zeigt diese mehr Toleranz gegenüber den Wünschen des anderen, hier muss verhandelt werden. Allerdings bleibt die eigentliche Ursache des Konflikts ungeklärt, das heißt, der Konflikt wird nur verschoben.

e) ....

Voraussetzung dieser Strategie ist die Annahme, dass es einen Unterschied gibt zwischen den dargestellten Positionen, die die Konfliktparteien vertreten und den dahinter stehenden Interessen und Bedürfnissen. Ziel der Kooperation ist eine gemeinsam erarbeitete Lösung des Problems. Dabei wird eine Schuldzuweisung vermieden und versucht, auf die Belange aller Beteiligten einzugehen. Typisch für dieses Vorgehen sind Fragen wie:

Wie sehen Sie die Situation?

Worin sind Ihrer Meinung nach die Ursachen des Konflikts begründet?

Was können wir tun, um zu einer besseren Zusammenarbeit zu gelangen?

Sind die erarbeiteten Vereinbarungen akzeptabel?

Notizen und Vokabeln

Quellennachweise

S. 7 Aufgabe 2

https://de.statista.com/statistik/daten/studie/77950/umfrage/motivation-zu-arbeiten/

S. 19 Arbeit

Nerdinger, F.W. – Blickle, G. – Schaper, N.: Arbeits- und Organisationspsychologie. Springer: Berlin Heidelberg, 2014. S. 4.

S. 10, 11 Arbeitspsychologie, Arbeitszufriedenheit

Nerdinger, F.W. – Blickle, G. – Schaper, N.: Arbeits- und Organisationspsychologie. Springer: Berlin Heidelberg, 2014. S. 5.

S. 11 Zitat

https://www.karteikarte.com/card/1689574/willy-brandt-ueber-menschliche-arbeit-1983

S. 14 Arbeitsmotivation

http://lexikon.stangl.eu/1480/arbeitsmotivation/

S. 16 Motivation

Vgl. https://wpgs.de/fachtexte/motivation/intrinsische-und-extrinsische-motivation/

S. 18 Theorien der Motivation

https://www.grin.com/document/408

http://www.personalmanagement.info/hr-know-how/glossar/detail/inhaltstheorien-der-motivation/

http://www.anleiten.de/motivieren/motivationstheorie.html

S. 21 Theorien der Motivation

http://www.anleiten.de/motivieren/motivationstheorie.html

S. 22 Theorien der Motivation

https://wpgs.de/fachtexte/motivation/empirische-inhaltstheorien-der-motivation-mcclellands-theorie/

S. 23 Theorien der Motivation

https://de.wikipedia.org/wiki/Valenz-Instrumentalit%C3%A4ts-Erwartungs-Theorie

https://www.researchgate.net/figure/Abbildung-4-Das-VIE-Modell-von-Vroom-1964_fig1_318263230

S. 24, S. 26 Theorien der Motivation

Schanz, Georg: Das Wunder der Organisation. tredition: Hamburg, 2018.

S. 29, S. 30 Organisationsstruktur

https://www.karteikarte.com/card/1075276/benennen-sie-bitte-die-merkmale-einer-organisation

http://www.michael-broetje.de/organisationsformen.htm

https://www.researchgate.net/figure/Abbildung-97-Stablinienorganisation-links-und-Matrixorganisation-rechts_fig4_318649415

https://www.fischundfleisch.com/ebgraz/moderne-organisationsformen-co-creativity-holistische-matrix-formen-hierarchische-28981

https://de.wikipedia.org/wiki/Stablinienorganisation

S. 31 – 33 Führungsstile

https://arbeitsblaetter.stangl-taller.at/KOMMUNIKATION/Fuehrungsstil-Unternehmen.shtml

S. 34 - 35 Gruppenarbeit

https://www.teko.ch/7-praktische-tipps-fuer-eine-erfolgreiche-gruppenarbeit

S. 37 Transaktionales Stressmodell

https://www.spektrum.de/lexikon/psychologie/transaktionales-stress-modell/15690

S. 38 Umfrage

https://www.manpowergroup.de/fileadmin/manpowergroup.de/Presse/MPG_Quick_Survey_Arbeitsmotivation_032018.pdf

S. 39 Mobbing

http://www.seelischebalance.de/mobbinghandlungen.html

S. 40 Burn-out

https://www.das-burnout-syndrom.de/diagnose/definition-des-burnouts/

S.42 - 43 Work-Life-Balance

https://d-nb.info/1191570487/34

S. 42

https://www.wido.de/fileadmin/Dateien/Dokumente/News/Pressemitteilungen/wido_pra_pm_fzr12_082012.pdf

S. 43 – 44 Unternehmerpraxis

https://www.hslu.ch/de-ch/hochschule-luzern/forschung/projekte/detail/?pid=497

S. 47 – 48 Digitalisierung

Auswirkungen der Digitalisierung auf Beschäftigung und Arbeitsbedingungen – Chancen und Risiken

Bericht des Bundesrates in Erfüllung der Postulate 15.3854 Reynard vom 16.09.2015 und 17.3222 Derder vom 17.03.2017 (online)

S. 49 Studie

https://www.ifd-allensbach.de/fileadmin/IfD/sonstige_pdfs/McDonalds_Ausbildungsstudie_2019.pdf

S. 50 Digitalisierung

https://www.eco.de/presse/arbeiten-4-0-digitalen-wandel-als-chance-begreifen/

S. 51 – 53 Flexibilität

Fehlzeiten-Report 2012, Wissenschaftliches Institut der AOK, Pressemitteilung Berlin, August 2012, online zugänglich, didaktisch bearbeitet

S. 54 Arbeitslosigkeit

https://www.bpb.de/politik/innenpolitik/arbeitsmarktpolitik/54892/arten-der-arbeitslosigkeit

Seminararbeit von Bc. L. Vrtíková

S. 56 – 57 Personalauswahl

https://karrierebibel.de/personalauswahl/#Definition-Was-ist-die-Personalauswahl

S. 57 - 58 Checkliste

https://arbeitgeber.campusjaeger.de/hr-blog/personalauswahl

S. 59 Arbeitszeugnis

https://de.wikipedia.org/wiki/Arbeitszeugnis

S. 60 - 61 Personalentwicklung

https://www.softgarden.de/ressourcen/glossar/personalentwicklung/

S. 62 – 64 Konfliktbewältigung

https://karrierebibel.de/konfliktbewaeltigung/

Bilder:

https://pixabay.com/de/

Lösungen

S.12, Aufgabe 8:

angewendet, Modelle, Arbeitszufriedenheit, wirken sich…aus, Betrieben, Arbeitsprozesse, Arbeitslosigkeit, Rollenverständnis, bringt

S. 16, Aufgabe 4:

1e, 2g, 3b, 4d, 5c, 6a, 7f

S. 19, Aufgabe 7:

S. 20, Aufgabe 9:

Bedürfnisse der Mitarbeiter	Mittel zur Befriedigung
Physiologische Bedürfnisse Hunger, Durst, Schlaf	Ausreichende Bezahlung, gesunder Arbeitsplatz
Sicherheitsbedürfnisse Geborgenheit und Schutz	Sicherer Arbeitsplatz, Altersversorgung, Kündigungsschutz
Soziale Bedürfnisse Zugehörigkeit, Freundschaft	Teamarbeit, Kommunikation
Wertschätzung Anerkennung und Status	Statussymbole, Bezahlung, Lob
Selbstverwirklichung Entfaltung der Persönlichkeit	Mitbestimmung, Freizeit

S. 21, Aufgabe 10:

Inhaltsfaktoren = Motivatoren: Anerkennung, Aufstiegsmöglichkeiten, die Arbeit als solche, Entfaltungsmöglichkeiten im Beruf, Leistungserfolg, Lohn/Gehalt, Verantwortung übernehmen

Kontextfaktoren = Hygienefaktoren: Arbeitsbedingungen, Arbeitsplatzsicherheit, Beziehung zu Untergebenen, Beziehung zum Vorgesetzten, Beziehungen zu Kollegen, Führungsstil/Kontrolle des Vorgesetzten, Lohn/Gehalt, Persönliche Verhältnisse, Status, Unternehmenspolitik/interne Organisation

S. 22, Aufgabe 11:

Leistungsmotive - Soziale Anschlussmotive – Machtmotive

S. 25, Aufgabe 15:

mögliche Antworten: Bezahlung, Führungsstil, Kariere, Kolleginnen und Kollegen, Arbeitstempo, Arbeitszeit, Anerkennung durch Vorgesetze und Kollegen, Möglichkeit zur Selbstentscheidung

S. 27, Aufgabe 18:

Progressive Arbeitszufriedenheit: Wenn keine Differenz zwischen Soll-Ist-Werten besteht aber die Person ihr Anspruchsniveau steigert. (a)

Stabilisierte Arbeitszufriedenheit: Wenn keine Differenz zwischen Soll-Ist-Werten besteht und die Person ihr Anspruchsniveau behält. (d)

Resignative Arbeitszufriedenheit: Es besteht eine Differenz zwischen Ist-Soll-Werten und die Person senkt ihr Anspruchsniveau

Pseudo-Arbeitszufriedenheit: Es besteht eine Differenz zwischen Ist-Soll-Werten, aber die Person wertet die erhaltenen Belohnungen auf. (b)

Fixierte Arbeitszufriedenheit: Es besteht eine Differenz zwischen Ist-Soll-Werten und das Anspruchsniveau bleibt konstant (e)

Konstruktive Arbeitszufriedenheit: Es besteht eine Differenz zwischen Ist-Soll-Werten und es wird nach konstruktiven Verbesserungen gesucht. (c)

S. 29, Aufgabe 1:

Bild A Stablinienorganisation, B Matrix-Organisation, C Einliniensystem, D Mehrliniensystem

S. 31, Aufgabe 3:

1. Autoritärer Führungsstil, 2. Kooperativer Führungsstil, 3. Charismatischer Führungsstil, 4. Bürokratischer Führungsstil, 5. Autokratischer Führungsstil, 6. Laisez -Faire-Führungsstil, 7. Patriarchalischer Führungsstil

S. 33, Aufgabe 4:

Mitarbeiteranliegen, befördert, belasten, gesundheitlich, Karrieresprung, steigern, entwickeln, Fallen, nachhaltige, herausfordernd

S. 34, Aufgabe 6:

1. Die Aufgabenstellung verstehen - 2. Effiziente Aufgabenverteilung - 3. Einen Koordinator bestimmen 4. Einen Arbeitsplan erstellen - 5. Tools für die Kommunikation und den Datenaustausch festlegen

6. Regelmäßige Treffen vereinbaren - 7. Umgang mit Problemen

S. 38, Aufgabe 1:

E – B – G – F – A – D - C

S. 42, Aufgabe 8:

(1) Arbeitgebern – (2) Steigerung – (3) günstiger – (4) gesteigerter – (5) Arbeitsbedingungen – (6) Bindung – (7) stehen – (8) herausragende – (9) Präferenzen – (10) nimmt … ab

S. 46, Aufgabe 1:

(1) stetig – (2) Arbeitsformen – (3) Selbstbestimmung – (4) entgegenkommen – (5) zeitliche –
(6) negative – (7) entstehen – (8) wichtig – (9) Grenzen

S. 50, Aufgabe 7:

Mögliche Antwort:

Work-Life-Balance: Nur 22% der Deutschen erkennen positive Effekte der Digitalisierung

Politik muss Balance zwischen Regulierung und Innovationsoffenheit finden

Rahmenbedingungen für die digitale Arbeitswelt schaffen

Wahlkampfthema Digitalisierung: eco Themenreihe und Website www.eco-digitalpolitik.ber

S. 56, Aufgabe 1 und 2:

1. Anforderungsprofil aufstellen

Zunächst muss festgelegt werden, was für ein Mitarbeiter überhaupt gesucht wird. Hierfür wird ein Anforderungsprofil erstellt, das klar definiert, welche Qualifikationen und Fähigkeiten ein Kandidat mitbringen muss und welche Erwartungen an die Position gestellt werden.

2. Stellenanzeige erstellen

Anhand des Profils wird im nächsten Schritt die Stellenanzeige erstellt und veröffentlicht. Dies geschieht normalerweise sowohl intern als auch bei externen Stellenbörsen, um eine möglichst große Zahl an Bewerbern zu erreichen.

3. Bewerbungen analysieren

Nun folgt die Sichtung und Analyse aller eingereichter Unterlagen. Durch festgelegte Kriterien und das Anforderungsprofil sollen so die besten und passendsten Bewerber herausgefiltert werden.

4. Vorauswahl treffen

Durch die Analyse kann dann eine Vorauswahl getroffen werden, da es kaum möglich ist, hunderte von Bewerbern einzuladen. So wird der Kreis potenzieller neuer Mitarbeiter deutlich reduziert.

5. Gespräche führen

Anschließend werden persönliche Gespräche und Auswahlverfahren durchgeführt. Telefoninterviews, Vorstellungsgespräche und Assessment-Center sind klassische Methoden dieser Phase, um sich ein genaueres Bild der verbleibenden Kandidaten machen zu können.

6. Personalauswahl abschließen

Im letzten Schritt wird dann eine Entscheidung über die Personalauswahl getroffen und der ausgewählte Bewerber erhält eine Zusage für die Stelle. Nach Gehaltsverhandlung und Unterzeichnung des Arbeitsvertrages kann die Zusammenarbeit beginnen.

S. 59, Aufgabe 5:

Urkunde, Dienstzeugnis, Personalien, Beschäftigung, qualifizierten, Arbeitsleistung, Arbeitnehmers, triftiger, Arbeitsplatz, Anspruch, berufliche, Wohlwollen

S. 61, Aufgabe 7:

–Für Berufseinsteiger: Berufsausbildung, berufsbegleitendes Studium, Trainee-Programme, Coaching, Praktika

– Für Angestellte:

Maßnahmen am Arbeitsplatz: Coaching, Mentoring, Job Enrichment, Job Enlargement, Job Rotation

Berufsbezogene Maßnahmen: Lernstätten und Lernpartnerschaften, Qualitätszirkel, Projektarbeiten, Fortbildungen/Seminare/Workshops, Förderkreise, Assessmentcenter

Berufsbegleitende Maßnahmen: Projektarbeiten, Junior Executive Board, Karriereplanung

– Für Berufsaussteiger: Seminare, Vorträge, Personalgespräche, Betriebsinformationen.

S. 63, Aufgabe 12:

a)   Anpassung

b)   Konfrontation

c)   Vermeidung

d)   Kompromiss

e)   Kooperation

Anhang

Anhang 1: Redemittel

Mir scheint in diesem Fall .... am geeignetsten.
Natürlich gibt es in diesem Fall ein Für und Wider, dennoch würde ich vorschlagen...
Auch wenn es auf den ersten Blick überraschend scheint,...
Ich halte... für besonders wichtig, weil...
Wenn man bedenkt dass, ..., dann...
Man sollte auf alle Fälle bedenken:...
Wir sollten auf alle Fälle berücksichtigen
... scheint mir nicht ganz unerheblich.
Ausschlaggebend dafür ist ...
Da hast du natürlich Recht.
Dem kann ich nur eine Kleinigkeit hinzufügen:...
Das klingt einleuchtend / überzeugend.
Na ja, das stimmt zwar schon, aber an ... muss man doch auch denken.
Meinst du nicht, dass ... auch eine Rolle spielt?
Wenn man sich das aber jetzt konkret vorstellt, dann...
Man sollte auch in Betracht ziehen, dass...
Alles in allem zeigt sich, dass...

Anhang 2: Die Ergebnisse einer Studie zur Wichtigkeit der deutschen Sprache im slowa-kischen Unternehmen

Mit freundlicher Genehmigung von Botschaft der Bundesrepublik Deutschland Bratislava
https://pressburg.diplo.de/sk-de

- ▶ Obdobie realizácie prieskumu: jún 2017

- ▶ Počet respondentov: 141 firiem

- ▶ Z toho väčšina s vlastníkmi z Nemecka a Rakúska

- ▶ Podniky zo všetkých hospodárskych sektorov

Sú cudzie jazyky vo Vašej firme dôležité pre kariéru?

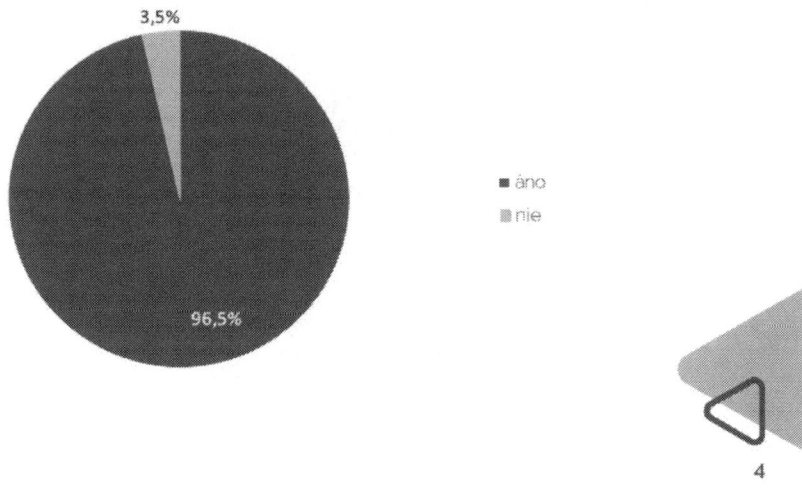

Používanie jazykov v súčasnosti

Ktorý jazyk je hlavným pracovným jazykom top manažmentu vo Vašej firme na Slovensku?

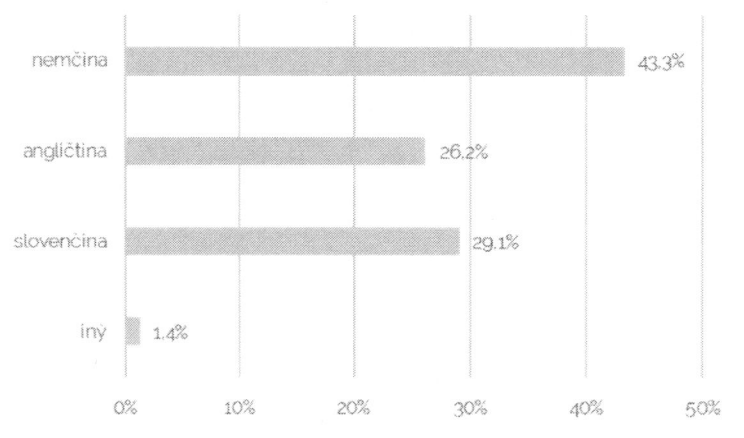

5

 Používanie jazykov v súčasnosti

Ktorý cudzí jazyk je vo Vašej firme najdôležitejší?

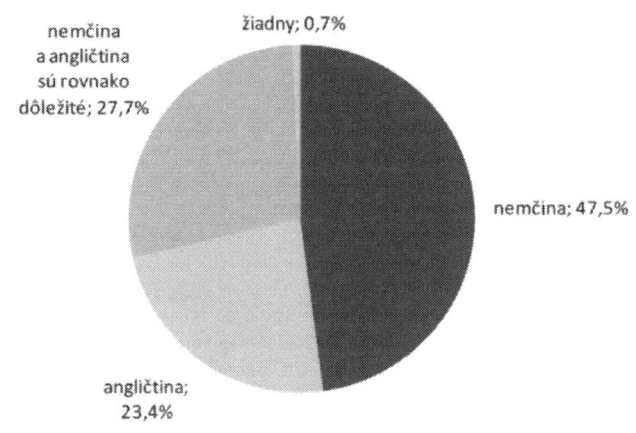

6

Používanie jazykov v súčasnosti

Kde najčastejšie získavajú Vaši pracovníci odborne zamerané znalosti cudzích jazykov?

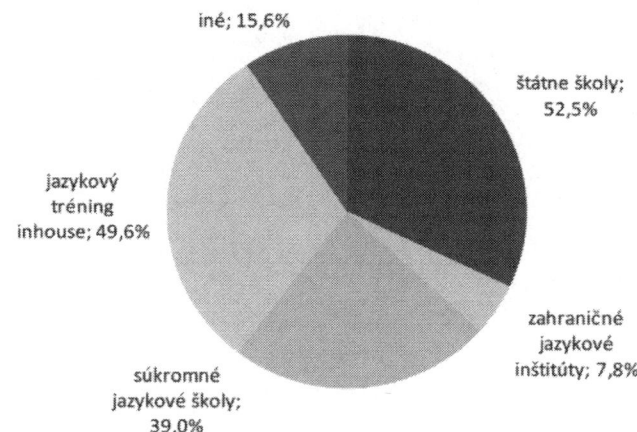

iné; 15,6%

štátne školy; 52,5%

jazykový tréning inhouse; 49,6%

zahraničné jazykové inštitúty; 7,8%

súkromné jazykové školy; 39,0%

7

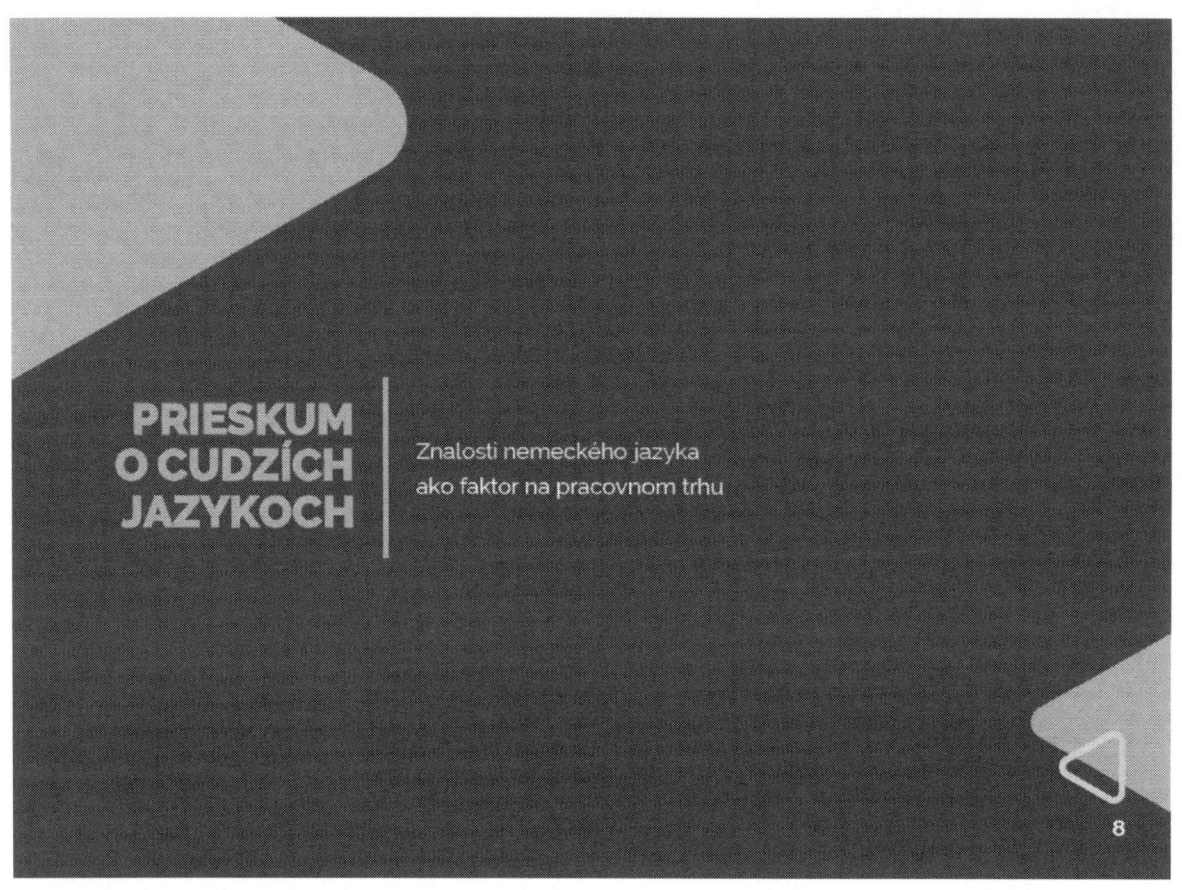

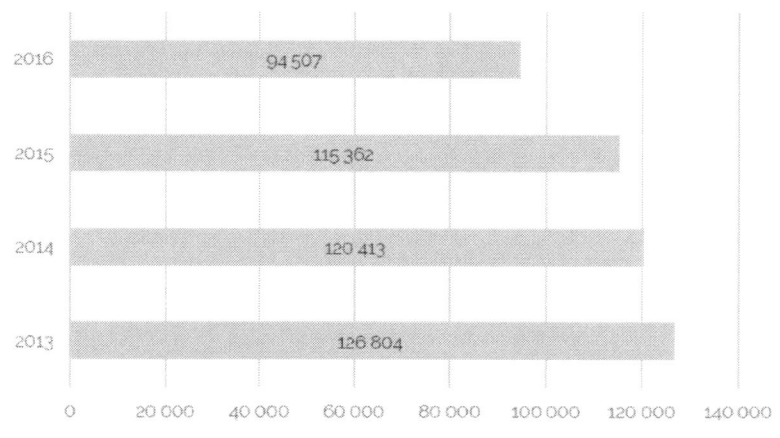

Vývoj počtu žiakov s výučbou nemeckého jazyka na slovenských školách

Rok	Počet žiakov
2016	94 507
2015	115 362
2014	120 413
2013	126 804

0   20 000   40 000   60 000   80 000   100 000   120 000   140 000

Zdroj: Centrum vedecko-technických informácii SR

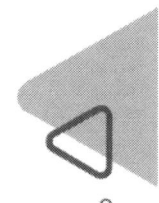

9

Znalosti nemeckého jazyka

Dokáže Vaša firma bez mimoriadneho úsilia pokryť potrebu pracovníkov so znalosťami nemčiny?

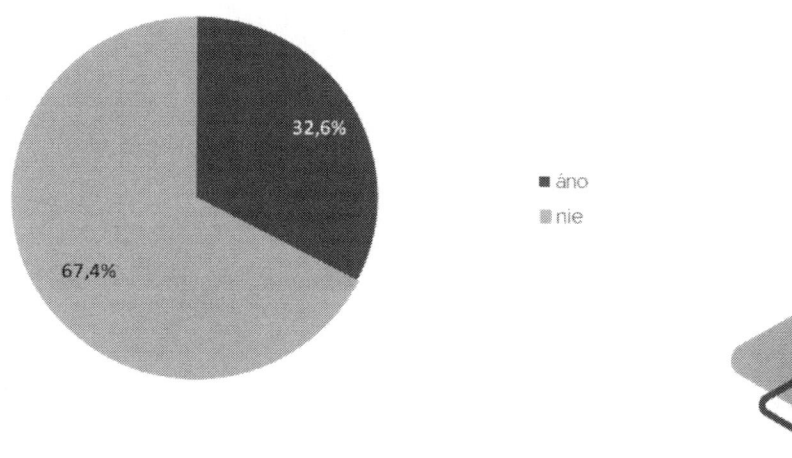

- áno
- nie

10

 ## **Znalosti** nemeckého jazyka

Ako sa za posledných 5 rokov zmenil stav uchádzačov o zamestnanie, pokiaľ boli znalosti nemčiny potrebné ako kritérium pre prijatie do zamestnania?

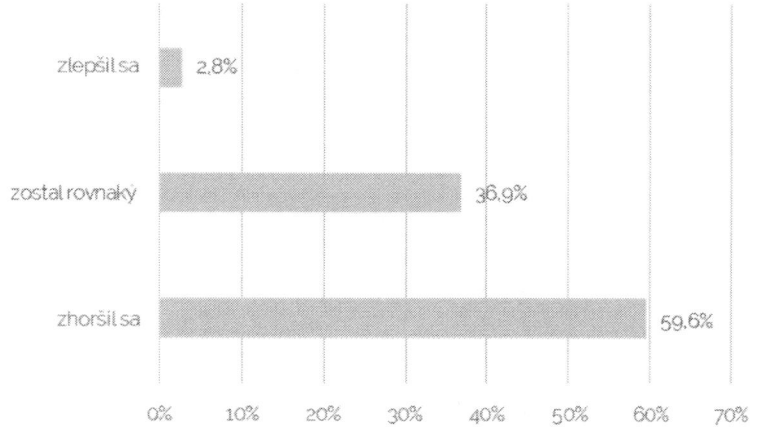

11

79

FSC
www.fsc.org

MIX

Papier | Fördert
gute Waldnutzung

FSC® C083411

Zeitfracht Medien GmbH
Ferdinand-Jühlke-Straße 7
99095 Erfurt, Deutschland
produktsicherheit@kolibri360.de